月刊ワッグル編集
ワッグルGOLF

人気女子プロが先生！

女子プロの基本

見て！マネて！90が切れる！

実業之日本社

CONTENTS

女子プロの基本
人気女子プロが先生！
見て！マネて！90が切れる！

【アイアン　ラウンド編】

第4章 アプローチ 162

※取材は2012年～2015年に行っているため、登場プロの契約企業、使用用具などが現在と異なる場合があります。あらかじめご了承ください。

Coca-Cola

ドライバー

「効率」で飛ばす
女子プロのドライバーショットは
アマには最高のお手本

遠く視線の先、250ヤード地点のフェアウェイを
確実にとらえる。
それはほとんどのアマチュアゴファーのあこがれ。
でも、現実にはなかなか厳しい。
飛距離と安定性を分けて考え、
どちらかに重きを置くことが先決ですが、
なかなかどちらも捨てがたい。
じつは、プロや上級者が優先していることは、
そのどちらでもなく「効率」なのです。
しっかりとした効率のよいスイングをすることが、
飛距離と安定性の両方を手に入れるための、
いちばんの近道。
女子プロたちのヘッドスピードは、
アマチュアとそんなに大差ありません。
大振りをせずにテンポよくカラダの正面で振り抜くことで、
ヘッドスピードに対しての最大効率を生み出し、
大きく飛ばせるのです。（石井 忍）

胸を正面に向けたまま振り抜くテクニック！

帽子のツバを右に向けたまま振り抜くと前傾がキープできる

レベルターンのなかで腕が上下に動く。左肩でカラダの開きをブロックしているので、胸を正面に向けたまま腕とクラブを振り抜ける

●い・ぼみ／1988年8月21日生まれ。158cm。2015年賞金女王。韓国水原市出身。マスターズGC所属。

インパクトをすぎても帽子のツバはまだ右を向いている。顔が上がるのをガマンするのは、前傾をキープする大切な秘けつ

カラダをレベルに回転させながら腕を上下に動かす

ボミ選手のスイングは、顔の向きに注目してください。顔の向きは帽子のツバの方向を見るとよくわかりますが、インパクト後も右を向いています。顔が早く上がってしまうと前傾角が崩れてしまうので、伸び上がるクセがある人にとっていいお手本です。ボミ選手のようにツバを右に向けるとヘッドアップが防ぎながら前傾角を長くキープできるので、ボールよりも右を見て振り抜きましょう。

カラダの回転と腕の動きのバランスもグッド。ポロシャツの横縞を見ると、カラダはレベルに回転し腕だけが上下に動くので、フォローを迎えるまで横縞のラインは地面と平行になっています。これは、前傾した状態からカラダを回転させ、腕でクラブを振るゴルフスイングにおいて最高の動かし方。地面の上のボールを正確にジャストミートできます。（解説＝石井 忍）

イ・ボミの飛距離＆方向性アップの極意！

カラダ全体を使ってシャフトをしならせるつもりで振る

大きく回転し 大きな筋肉を使って 「ビュン！」と振る

飛距離アップも方向性アップも「当てにいく」小さなスイングでは絶対ダメ。大きなスイングで勢いよく振ったほうが、ヘッドの芯に当たる確率を高められます。

勢いをつけるためには、バックスイングでもダウンスイングでもお腹や背中、太モモなど強い力が出せる大きな筋肉を使うことが大切です。

大きな筋肉を使ってクラブを振り下ろすと、ダウンスイングでシャフトをしならせることができますが、これがポイント！　シャフトのしなりは飛ばしには欠かせないことなので、カラダ全体を使って「ビュン！」と大きな音を鳴らすイメージで振ってください。

ドライバーは勢いが大切。勢いをつけて振ると、これらのミスが不思議と出にくくなる

手先や腕だけでは
シャフトは大きくしならない。
カラダ全体を使って振り下ろそう

飛ぶフルスイングをマスターするには

“力を抜く”努力をすれば飛ぶようになる

女子プロ界の“新・飛ばし屋”香妻琴乃。
彼女のフルスイングはパワフルに見えるが、
じつは力はできるだけ抜いて振っている。
「力を抜いてきれいに振ったら、
飛距離は絶対に伸びますよ!」
という香妻オススメの
“飛ぶフルスイング”をマスターしよう!

●こうづま・ことの／1992年4月17日生まれ。157cm。大人気の美人プロ。鹿児島県出身。サマンサタバサ所属。

いきなり打って HS45m／秒！ 飛距離267ヤード!!

レッスン撮影前に連続写真を撮影。「なんの準備もせずにいきなり打って大丈夫？」と聞くと「大丈夫です」と答える琴乃ちゃん。1球目に出た数値にビックリ！　HS45m／秒に対してボール初速63.3m／秒。効率のよさも秀逸です！

素振りと同じスイングできていますか？

ボールを打ちに行かず きれいなフィニッシュをとる

きれいなフィニッシュがとれるということは、力が上手に抜けている証拠。スイング全体もきれいになる

飛ばそうとしてボールを打ちに行くのは逆効果。スイング中に力が入ると、減速したり芯をはずしてしまうので飛距離が伸ばせない

きれいなフィニッシュがとれるということは、力が上手に抜けている証拠。スイング全体もきれいになる

力を抜いて振るとフィニッシュは自然にきれいになる

飛距離アップは、カラダの力をできるだけ抜くことが大切です。わたしも練習器具を使って試してみたのですが、「力ってこんなに入れなくていいの!?」とおどろくほど力は入れないほうが速く振れるし、実際の飛距離も大きく伸びました。

イマイチ飛ばない人は、力を抜いて振ろうとしても、いざボールを目の前にするとボールを打ちに行ってリキんでしまう。その結果、フィニッシュが崩れてしまうことがよくありませんか？　でも素振りなら、バランスを崩さずきれいなカタチをとれますよね。

ボールを強くヒットしようとせずに、素振りと同じきれいなフィニッシュをとる。これを強く意識すれば、力を抜いたまま振り続けられますよ。

体重を右サイドで受け止めていますか？

バックスイングで右腰と手元を遠ざける

腰が右に流れるのを防ぎながら
手元を右腰から遠ざけると、
スエーを防ぎながら
大きなスイングアークで振れる

手元が右腰からどんどん離れていき、両手が頭の上まで高く上がる超ビッグアーク。腰は左右に流れず、カラダの幅のなかで鋭く回る。力ではなくスイングの大きさと回転力で飛ばすスイングだ

体重移動をするときはスエーに注意。とくに気をつけたいのが、カラダを深く大きく回そうとするとき。腰が無意識に左右に流れやすくなるので、体重移動でつくるパワーが逃げてしまう

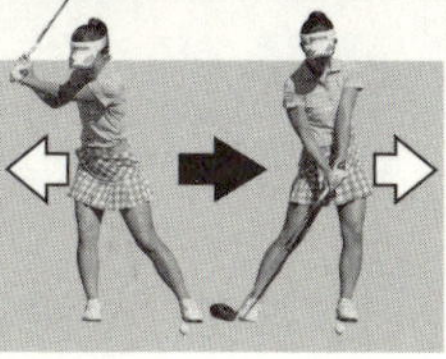

腰が流れるのを防ぎ スイングアークも 大きくなる

スイング中に腰やヒザが左右に流れてしまうスエーも、飛距離が伸びない原因のひとつです。スエーは、バックスイングでカラダが右に流れると、ダウンでも左に流れやすくなるので、バックスイングの時点できちんと防ぎましょう。

右へのスエーを防ぐコツは、右サイドで体重をしっかり受け止めることです。体重は右足だけでなく右腰でも受け止めますが、このときに右腰と手元を遠ざけるようにしてください。腰を止めないと手元と右腰は遠ざけられないので、腰が流れるのが防げます。

スイングアークも大きくなるので、遠心力やヘッドスピードを上げる大きなスイングができますよ。

ヒジから先をターンさせて フェースを返しながら打つ

腕のターンでボールをつかまえていますか?

**ボールを
つかまえるための
フェースターンは、
手ではなく
ヒジから先を
返して行う**

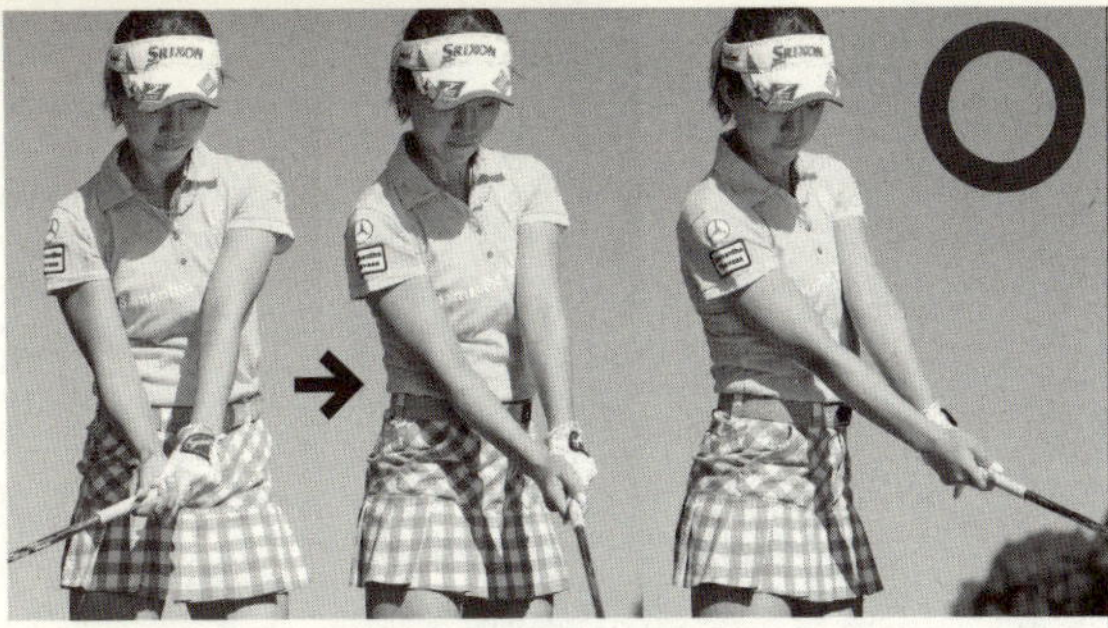

ヒジから先を返すイメージでボールをつかまえにいくと、カラダの回転と返すタイミングが合うので方向性がよくなる

ティアップしたボールをロフトなりにヒットできるので、打ち出し角やスピン量が飛距離を伸ばす適正値になる

手を使ってフェースを返そうとすると、返しすぎてしまったり、手首が折れるのでボールを強くたたけなくなる

ヘッドが先行してフェースが上を向くので、高さは出るが直進性の低い飛ばない弾道になってしまう

返すタイミングがよくなるから方向性もよくなる

フェードでもドローでもボールをつかまえないと飛ばないので、インパクトゾーンでは必ずフェースをターンさせながらヒットしてください。フェースを返すときは手ではなく、わたしの場合はヒジから先をターンさせます。手でのターンはフェースが早く返りすぎたり、インパクト前にフェースが上を向いてしまう。また、手先を使って打つことにもなるので、パワーもダウンしてしまいます。

ヒジから先をターンさせると、カラダの回転にそってフェースを返せます。返すタイミングがよくなるので、方向性もいいつかまったボールが打てますよ。

大きく飛ばす秘けつ！

右肩甲骨と左足の蹴りを使って強くたたける低い姿勢をつくる

●ふじた・ひかり／1994年9月26日生まれ。165cm。妹の美里はモデルとして活躍。北海道出身。レオパレスリゾートグアム所属。

左肩をアゴの下に深く入れずに右肩甲骨を入れる

藤田選手のスイングには、飛距離を大きく伸ばすポイントがふたつ隠されています。ひとつ目のポイントは、右肩甲骨の使い方。バックスイングで肩は大きく回っていくのに、左肩がアゴの下に深く入っていきません。クラブを高く上げることより

藤田光里［飛距離アップ］

左肩がアゴにつかないように肩を入れるのも、右肩甲骨を入れるコツ。低い姿勢を保ったまま深く捻転できるので、強くたたける準備ができる

左ヒザを伸ばして溜めたパワーを一気に解放する。左ヒザを伸ばして左足を蹴り上げると腕は下がるので、伸び上がるミスにはならない

も低い姿勢を保ち、カラダを真ヨコに大きく回転していくと、右肩甲骨が確実に入ります。

右肩甲骨を入れたら切り返しは、その肩甲骨を振り下ろすのに合わせて徐々に抜いていくだけで手元が低い位置に下りていく。左足で踏み込むのに合わせて低い姿勢でインパクトできるので、強くたたける体勢がとれます。

ふたつめは、左足の使い方。インパクトからフォローにかけて左足を伸ばす「左足の蹴り」を使っています。左ヒザを伸ばすと、左足に溜めたパワーを一気に解放できるので、ボールに強い力を伝えられるのです。左カカトが浮いていますが、決して伸び上がりではありません。左ヒザを伸ばして蹴ると腕は下がるので、これも強くたたける低い姿勢のインパクトをつくるためのテクニックになります。（解説＝石井 忍）

慣性モーメント大のいまどきドライバーは インパクトでなにもしない！

慣性モーメントが大きいクラブは、
フェースの向きが変わりにくい。
リラックスして振れば、ヘッドはカラダの向きに
対してスクエアな向きで真っすぐ進んでくれる

リッラクスして振りきれば
軌道は真っすぐ、
フェースはスクエア

インパクトだけでなく、切り返しでも力を入れない。

振り上げたあとは、リラックスして振りきるだけのイメージをもったほうが、ヘッドの加速力も上げられる

振り上げたら
振りきるだけ！
あとはなーんにも
してません

●いちのせ・ゆうき／1988年10月5日生まれ。158cm。得意なクラブはドライバー。熊本県出身。ミクロ情報サービス所属。

ボールをたたこうとして力が入ると曲がる！ 飛ばない！ 芯をはずす！

力が入ったときに一番多いミス。振り遅れてフェースが開き、戻しきれずに右に曲がるかプッシュアウトが出る

つかまえようとするとカラダが目標に突っ込みやすい。左に低く飛ぶのでキャリー不足で飛ばない

ボールを高く上げようとしてフェースがめくれる（上を向く）パターン。手元が止まったり、体重が右足に残ってしまう

スムーズに振るだけでヘッドが真っすぐ飛ばしてくれる

いまどきのドライバーは、ヘッドが大きく慣性モーメントも大きいのが特徴。フェースが開いたり閉じたりしにくく、芯をはずしたときにヘッドがあまりブレないのでミスヒットに強いのです。となれば、気にするのはスムーズに振ることだけ。インパクトでボールをたたこうとかつかまえようとか考えずに、ヘッドの勢いにまかせて自然に振りきる。スイング中、意図的になにかをしようとするほど、ボールは飛ばないし曲がってしまいますよ。

カラダから離れすぎると飛ばなくなるため
手は目の下より前に出さない

カラダと
手の間の距離を
覚えておきましょう

×

手が離れた構えは軌道がフラットになりすぎるのも欠点。フェースが開いてのプッシュや、返しすぎてのヒッカケが出てしまう

●かねだ・くみこ／1989年8月14日生まれ。166cm。女子ツアーのビジュアルクイーン。愛知県出身。スタンレー電気所属。

遠く離れて構える

ヘッドがカラダから遠いところを通るほどスイングは大きくなるが、手が離れるとパワーもミート率も落ちてしまう

近くに構える

クラブや手が遠く離れるとパワーが出ない

飛ばしたい、強くたたきたいと思うと、手をカラダから遠ざけてボールから離れた構えをとりがちです。ヘッドが遠くにあるほど、ハンマー投げのように遠心力を使って振れるようなイメージがありますが、ゴルフのスイングはそうではありません。手はカラダの近くを通したほうが、パワーが出せるのです。

手の位置は、スイングが詰まらない程度になるべくカラダに近づける。無意識に遠くなってしまってもすぐに直せるように、手とカラダの間隔を覚えておくといいですよ。

いまどきドライバーは

「左足寄りボール」「アッパーブロー」「下めヒット」が一番飛ぶ！

ボールを左足に寄せて
アッパーブローでヒット。
このとき、フェースの下めに
当てるイメージで打つと、
スピン量が増えてキャリーが伸びる

フェースの上めヒットは、
スピン量は減るが
パワーがないと
高さが出ない

フェースの下めで打つ
イメージでスピン量の
減りすぎを防ぎます

●ありむら・ちえ／1987年11月22日生まれ。159cm。海外ツアー初優勝の期待がかかる。熊本県出身。日本HP所属。

飛距離が出る高さまできちんと上がってキャリーが伸びる

わたしはフェードが持ち球ですが、ドローヒッターの飛ばし屋に負けないくらい飛ぶようになりました。飛距離アップのヒントになったのは、弾道測定器で測ったバックスピン量。近ごろのドライバーやボールは、低スピン化が進み、パワーのある男子プロはいいけど、わたしたちみたいな女子プロや一般アマはバックスピン不足でキャリーが落ちることがあるのです。

　バックスピン量を増やすコツは、左足に寄せたボールをアッパーブロー、なおかつフェースの下めでヒットすることです。この3ポイントでボールをヒットすると、飛距離が伸びるいい高さのボールが打てるようになります。

飛ばすには
どっしりと構えられる ワイドスタントがオススメ！

●きど・めぐみ／1989年12月26日生まれ。172cm。。長身、スレンダー、小顔のモデル系美人プロ。神奈川県出身。ゼンリン所属。

両足を肩幅より広げて、重心を下げて構える。この体勢から胸を必ず下に向けたまま上体を回す

踏んばりの利く構えから胸を下に向けたまま振る

わたしはスタンス幅を広めにとる「ワイドスタンス」で構えますが、これは飛距離を伸ばす工夫のひとつです。ワイドスタンスは、重心が下がり下半身が安定するので踏んばりが利きます。踏んばれる大勢ができたら体重を右足に乗せ、左足へ移すウエイトシフトをきちんと行いながら、上体だけを大きく回します。

上体を回すときは、胸の向きに注意。胸が上を向くと、体重移動や捻転でつくったパワーが逃げてしまうので、必ず下へ向け続けることを意識しましょう。

スイング中に胸が上を向いてしまうと、ボールに大きなパワーを伝えられなくなってしまう

ここ一番で飛ばしたいときは
ボールの手前で一球入魂のマジ素振り！

バックスイングはゆったり大きく。ここでスピードを上げてしまうとカラダの捻転が浅くなって打ち急いでしまうので、ヘッドで大きな弧を描く意識をもってクラブを上げる

飛距離アップにつながる素振りは、手加減せずにボールのすぐ手前で本気フルスイング。本番と変わらないスピードやパワーで振る〝本気の予行練習〟をやってから打とう!

"マジ素振り"はいかにリアルに近づけるがポイント。本気で振るだけでなく、どの目標に対してどんな球筋を打っていくかもイメージして振ると、より本番での成功率を上げる素振りができる

目標や球筋も意識すれば完ぺき!

素振りでも手を抜かず本番と同じスイングをする

2オンの狙えるパー5、距離の長いパー4、コンペでのドラコンホールなどティショットを飛ばしたいときは、打つ前の素振りにひと工夫します。ただ単にクラブを振るだけではダメ。スピードもボールを強くたたこうとするのも、本番と変わらないくらい気合の入った一球入魂の〝マジ素振り〟をしてください。素振りをする場所も実際に振るときと同じ感覚になるように、ティアップしたボールのすぐ手前で振ります。

本気で力強く振ってみてバランスが崩れたり、クラブの軌道やフェースの向きが悪いと感じたらやり直し。「これなら絶対に飛ばせる！」と納得のいく素振りができるまで繰り返してから打つと、本番でも同じスイングができます。

さらにもうワンポイント。グリップを短く握って打ってみましょう。長く握ったほうがヘッドスピードは上がりますが、それよりもミート率を上げたほうが飛距離は簡単に伸ばせます。短く握ってクラブの芯でヒットする。これもぜひ試してみてくださいね。

少し短く握ったほうが飛ぶんですよ

ヘッドスピードが上がる

腰を切ればタメが自然にできて

腰を切ると下の写真のように
ヘッドが手元より高い位置にある
「タメをきちんとつくった状態」で
振り下ろせる

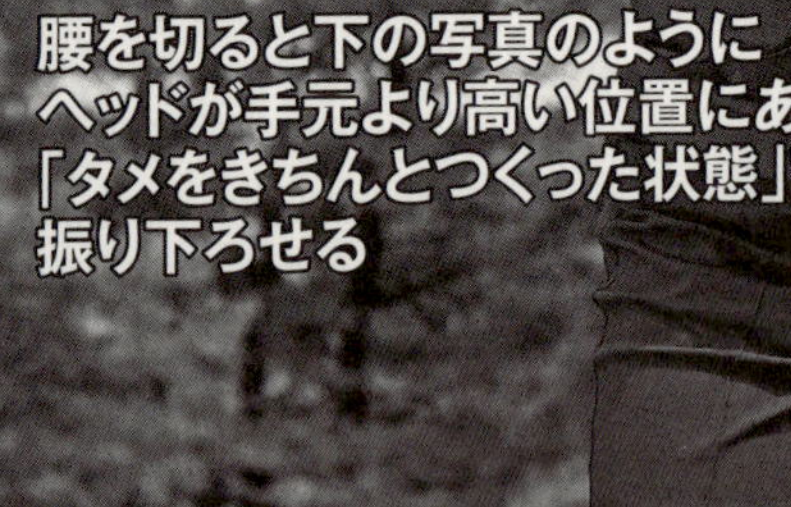

●さいき・みき／1984年9月22日生まれ。163cm。女子ツアー屈指のテクニシャン。広島県出身。日立アプライアンス所属。

タメをつくると力を入れなくても加速力が上がる

ダウンスイングでは、手首に角度をつけてタメをほどかず振り下ろしていくと、インパクトでの加速度が上がります。ですが、ドライバーのような長いクラブは遠心力が大きくはたらくので、ヘッドがすぐに落ちてしまいタメがほどけてしまいがちです。

これを防ぐポイントは、腰を切ること。ためしにトップのカタチをつくったら、腰を大きく切ってみてください。手元が自然に下がりますが、手首の角度は意識しなくてもキープされ、タメができた状態でクラブが下りてきますよ。

カラダの回転に合わせて腕を回すと

飛距離も方向性もよくなる

**カラダも腕も
バックスイングでは右に、
ダウンスイングでは
左に回す。
回転する度合いを
合わせると
方向性のいい
強い弾道が打てる**

インパクトで右手のひらが上や下を向いてしまうと、腕と手首のターンがカラダの回転と合わなくなるのでミスヒットになる

●ばば・ゆかり／1982年12月30日生まれ。149cm。小柄なハンデをものともしない大きな飛距離が魅力。福岡県出身。SMBC日興証券所属。

カラダの回転だけでクラブを上げると、インサイドに引きすぎてしまう(×)。コックして右ヒジをたたむようにすれば、正しい軌道に乗せられる(○)

腕と手首を使わないと飛距離が伸びない

小柄なわたしは、カラダの回転だけでは飛ばないので、手首と腕を積極的に使っています。バックスイングでは、クラブを正しい軌道に乗せるために、コックを使いながら右ヒジをたたむ。こうすると、クラブを正しいスイングプレーンに乗せられるので、ボールを正確にとらえられます。

次にダウンスイングですが、ボールをつかまえるためには、スイング中のフェースの開閉は絶対不可欠なので、腕と手首をターンさせて開いたフェースを閉じるようにしています。ただし、フェースの開閉は、カラダの回転に合わせるのがポイント。カラダとフェースのどちらかが開きすぎたり、閉じすぎたりすると曲がる原因になるので気をつけています。

ボールを押して打ちたいなら

インパクト前までは できるだけ脱力する

インパクトの瞬間に
腹筋に力を込めてボールを打つ。
力を入れるのは腹筋だけ。
ほかは脱力したまま振ろう

●しもむら・まゆみ／1983年2月3日生まれ。170cm。ドライバーが得意で方向性のよさが武器。茨城県出身。和幸流通サービス所属。

カラダの力を抜いて腕を左右に振ってみる。スイング中の腕の力感はこの感覚と同じにする

一番気をつけなくてはいけないのは切り返し。ボールを強く打とうとすると腕に力が入ってしまう

インパクトの瞬間だけ腕とお腹に力を入れる

インパクト前に力が入ると動きが固くなるため、肝心なボールを打つ瞬間に力が出せなくなってしまいます。とくに重要なのは腕の力感。上の写真のように、アドレスの時点で腕がブラブラと左右に大きく振れるくらい力を抜いてください。

ボールを打ちにいく切り返しも左の写真のようにリキむのは絶対にNG。力を入れるのはインパクトの瞬間だけでいいのです。このときに腕だけでなく同時にお腹にも力を入れると、ボールを目標に向かって強く押すことができるので、ぶ厚いインパクトで飛ばせますよ。

スライスの原因①カラダが開く

胸でボールを見て打つと、カラダが浮かない！ 開かない！

×
カラダが開くとスライスする……

胸は正面だけでなく下を向けないと開きを上手に抑えられない

スライスの大きな原因のひとつは、インパクトでカラダが開いてしまうことです。カラダの開きを防ぐために「胸を正面に向けて打つ」とよくいわれますが、それだけでは足りません。インパクトのときの胸は正面を向けたうえで、前傾をキープした下を向けた状態にしておかないと、上体が浮いて開きやすくなってしまいます。

胸を正面だけでなくきちんと下を向けるコツは、胸に目がついているイメージをもつこと。インパクトのときに、胸についた目がボールの上や左側を見ずに、しっかりボールを見ながら打てば、肩の開きや上体が浮くのを防いでヒットできます。

インパクト時の胸の向きは、左右だけでなく上下の向きも大切。胸でボールを見るイメージで、上体の向きと角度を正そう

カラダが開かないポイント

●りゅう・りつこ／1987年11月4日生まれ。160cm。得意番手は「全部」と答えるオールラウンダー。熊本県出身。京セラ所属。

顔が早く上がると胸は開きやすくなるので、顔を上げずに振り抜くのもスライスを防ぐポイント

スライスの原因②フェースが開く

グリップエンドをボールに向けて切り返すとインから下ろせる

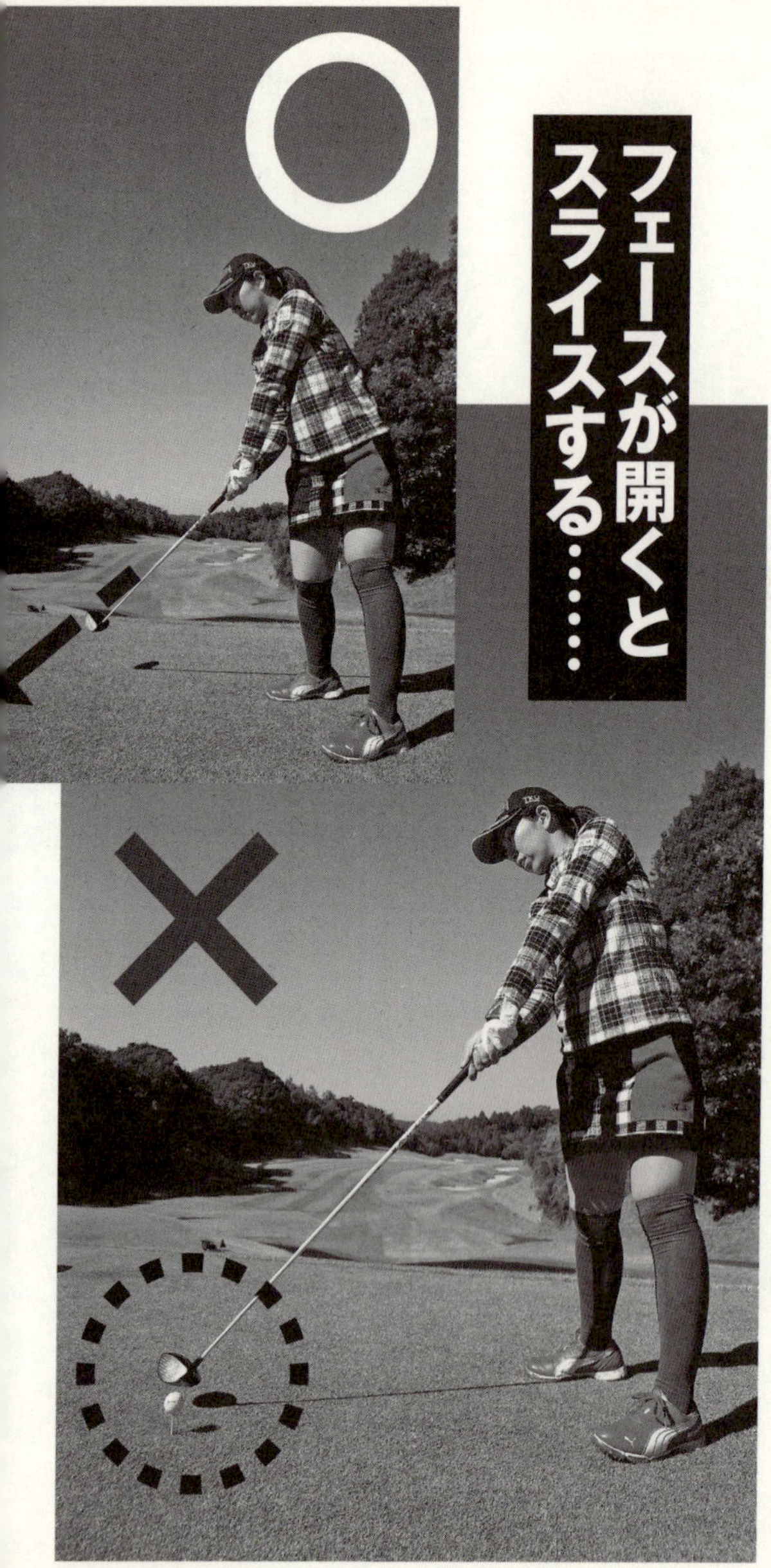

フェースが開くとスライスする……

フェースが開かないポイント

グリップエンドをボールに向けながら振り下ろすと、インサイド・アウト軌道で振れる。それでもクラブが外から下りてしまう人は、グリップエンドをボールの右ヨコに向けるイメージで振り下ろすといい

手元がカラダの近くを通るのでカット軌道が防げる

ヘッドが外から下りるカット軌道になるとフェースは開きやすくなるので、クラブをインから振り下ろす軌道をマスターしてください。インに下ろすポイントは、グリップエンドにあります。切り返しからハーフウェイダウンまでグリップエンドをボールに向けると、手元がカラダから離れないのでクラブはインから下りてきます。

インに下りるとインパクト手前から腕のターンを使って打ちやすくなります。フェースを返しながらボールをつかまえられるので、ドローやストレートボールが打てるようになりますよ。

フックの原因①カラダの回転が止まる

カラダを回しやすいオープンスタンスで振り切る

カラダの回転が止まるとフックする……

カラダを回しやすい構え方

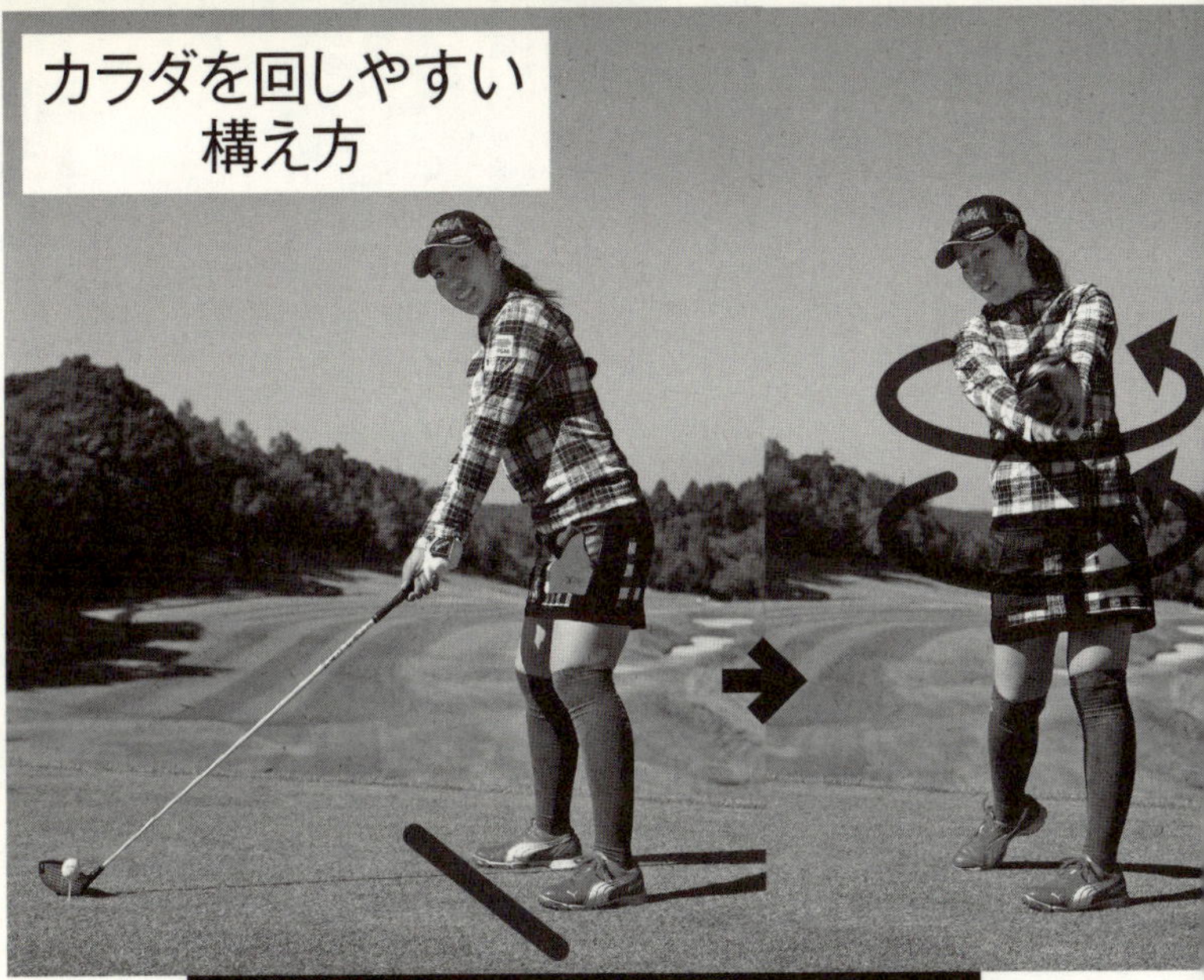

オープンスタンスで構えるだけで、左サイドにスペースができる。そのスペースがあると、回転を止めずにフィニッシュまで一気に振り抜けるので、ヒッカケやつかまりすぎが防げる

左サイドにスペースをつくればインパクトで詰まらない

インパクトでカラダの回転が止まってしまうと、手やクラブが先行するのでフェースが返りすぎてフックが出る。これは、カラダを回しやすい状態をつくれば即解決です。カラダの回転を止めずに振るポイントは、アドレスでもつくれます。

左足を靴半足分うしろに引いて構えると、左サイドにクラブを振るスペースができます。インパクトで詰まったり止まったりせず、フィニッシュまでスムーズにカラダを回していける。フックを防ぐには、このようにオープンスタンスで構えて打ってください。

フックの原因②あおってしまう

背中を動かすイメージで回ると手打ちが防げる

手打ちであおってしまうとフックする……
×

背中を使って回ると大きくレベルに振れる

あおり打ちは、ヘッドが下から入るのでフックが出やすい打ち方。体重移動ができない、右サイドが下がる、などいろいろな原因がありますが、根本になるのは手先を使ってカラダの前でクラブをさばこうとすることです。手打ちになるとカラダの回転がおろそかになり、インパクト前に手元が早く下がってしまいます。

これを防ぐには、カラダを回す意識を高め、背中を動かして振ってください。カラダの前ではなく背中を動かすと、カラダ全体が大きくレベルに動く。回転力が高まり、手だけでクラブを振らなくなります。

○ 背中で回るイメージをもつ。背中を動かして回転すると、カラダ全体が大きく動くのでカラダの回転で打てる

× 手先で振るとヘッドが早く下りてしまい、ヘッドが下から入る。あおった打ち方でフックが出てしまう

右サイドが伸びないトップをつくる

スライス防止は腰と両ヒザの高さをキープして

右肩の上下動でカラダの両サイドが伸びると、レベルにターンできない。正しい軸回転ができないからフェースをうまく返せない

ギッタンバッコンの原因は上半身より下半身！

スライスの原因はたくさんありますが、アマチュアに多いのはギッタンバッコン。バックスイングで右サイドが伸びて、ダウンからインパクトにかけて左サイドが伸びる動きです。これが起こるとフェースが開いてしまいます。

これを防ぐために、肩を地面と水平に回そうとする人がいますが、ポイントは上半身より下半身にあります。腰やヒザなど下半身の左右どちらかの高さが変わると、それにつられて上半身が傾きやすくなるのです。

カラダをレベルに回そうとするなら、腰と両ヒザの高さを変えない意識をもってください。右サイドが伸び上がらないトップをつくれば、インパクトでの左サイドの伸び上がりも防げるので、レベルターンでボールを強くたたけます。

●みつか・ゆうこ／1984年9月21日生まれ。172cm。。女子プロ界屈指の飛ばし屋。茨城県出身。フリー。

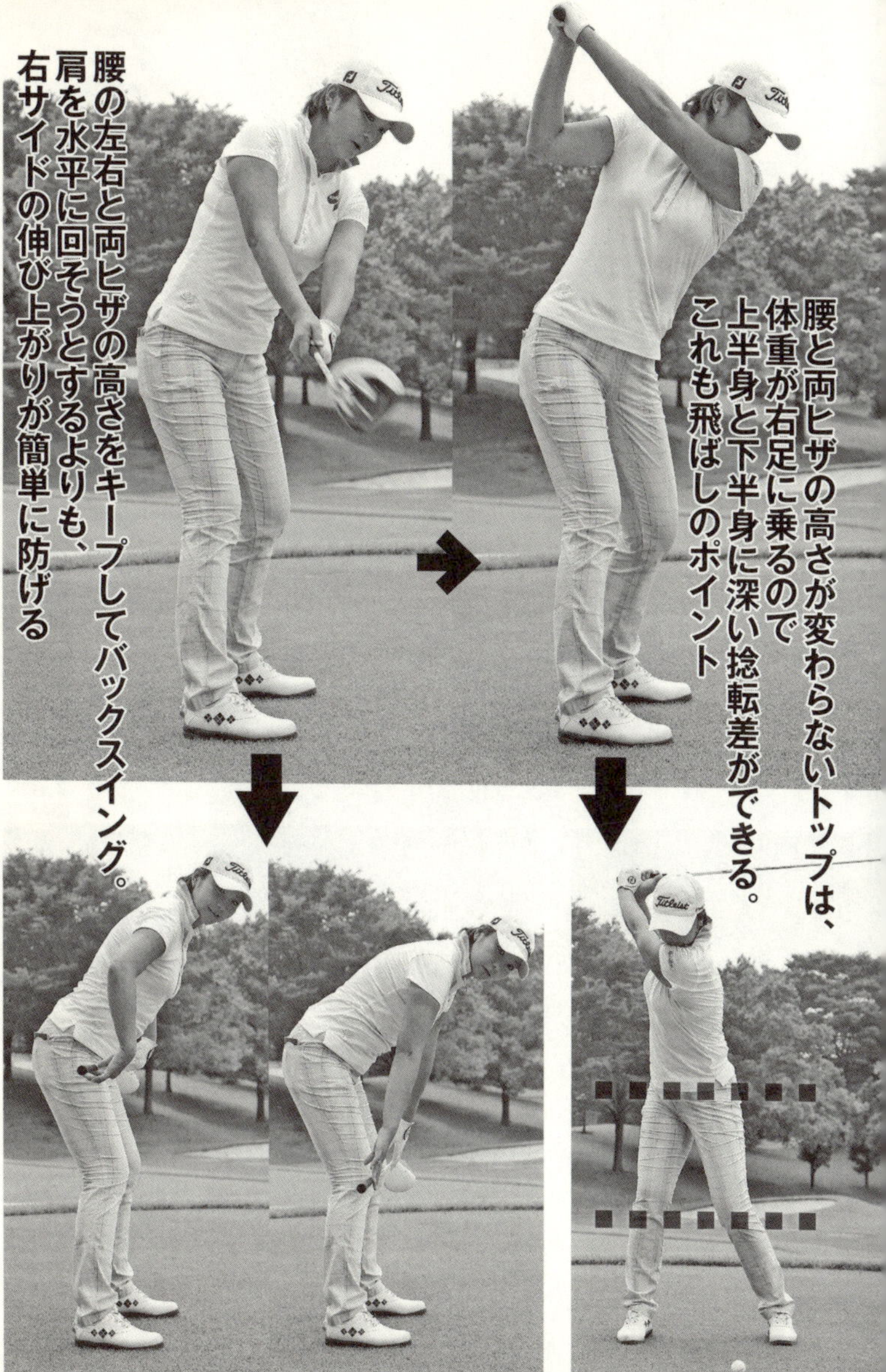

腰と両ヒザの高さが変わらないトップは、
体重が右足に乗るので
上半身と下半身に深い捻転差ができる。
これも飛ばしのポイント

腰の左右と両ヒザの高さをキープしてバックスイング。
肩を水平に回そうとするよりも、
右サイドの伸び上がりが簡単に防げる

ヒッカケ防止法

下半身を回せば
左へ振りきっても引っかからない

下半身を止めずに左へ振りきると、インパクト時のヘッドの入り方がよくなりヒッカケが出ない

**左へのミスを怖がって右へ振ると
逆にフックしやすい（左）。
さらに下半身が止まるとヒッカケが出る（右）**

インパクトでフェースがかぶるのを防げる

加速して振り続けるには、左への振りきりが不可欠。左へ勢いよく振りきると、ヒッカケやフックが怖いと思う人が多いようですが、それはカラダの回転が止まって腕だけで振りきってしまうせいです。

これは下半身全体を回しながら振りきれば即解決。インパクト前にヘッドが外から入ったり、フェースがかぶってしまうのを防げるので、左へのミスを出さずに振りきれます。

カラダの開きを抑えてスライスを防ぐ

「カラダの正面でヒット!」は上体の深い捻転が不可欠

上体を大きくねじると早く開かないので、カラダを正面に向けてヒットできる

×

捻転が浅いトップから切り返すと、上体が早く開いてしまう。カラダが開くとフェースも開くので、ボールはスライスしてしまう

●なかむら・かおり／1986年10月1日生まれ。153cm。。京都府出身。フリー。

右足に体重を乗せて、左肩を深く入れて胸を飛球線後方に向ける

右足に体重を乗せて胸や肩を動かし大きくねじる

インパクトでカラダが目標方向へ開くとスライスが出やすくなりますが、その原因はバックスイングでの捻転不足です。クラブを手で担ぎ上げてしまい左肩が深く入っていなかったり、胸が飛球線の後方を向くまで回していないと、上体はダウンスイングで早く目標を向いてしまいます。

上体を深くねじるコツは体重移動です。バックスイングでは右足に体重をしっかり乗せて、右足で踏んばって深く捻転する。十分にねじればトップから切り返したときに、カラダが開くタイミングを遅らせることができます。

真っすぐな構えをとる方法

アドレスに入るとき両手で握るとカラダの向きがスクエアになる

スライスや左に真っすぐ飛ぶ人に効果大！

アドレスに入るとき、右手から入る人は、カラダの向きに注意！　右手でクラブを持って、ヘッドをボールに合わせようとすると右肩が前に出やすくなるので、肩のラインが左を向く。それに気づかずにカラダ全体の向きを合わせてしまうと、右サイドが前に出た「開いた構え」になってしまいます。スライスしたり目標よりも左に真っすぐ飛んでしまう人は、開いた構えになっている可能性大です。

カラダを開かず構えるには、

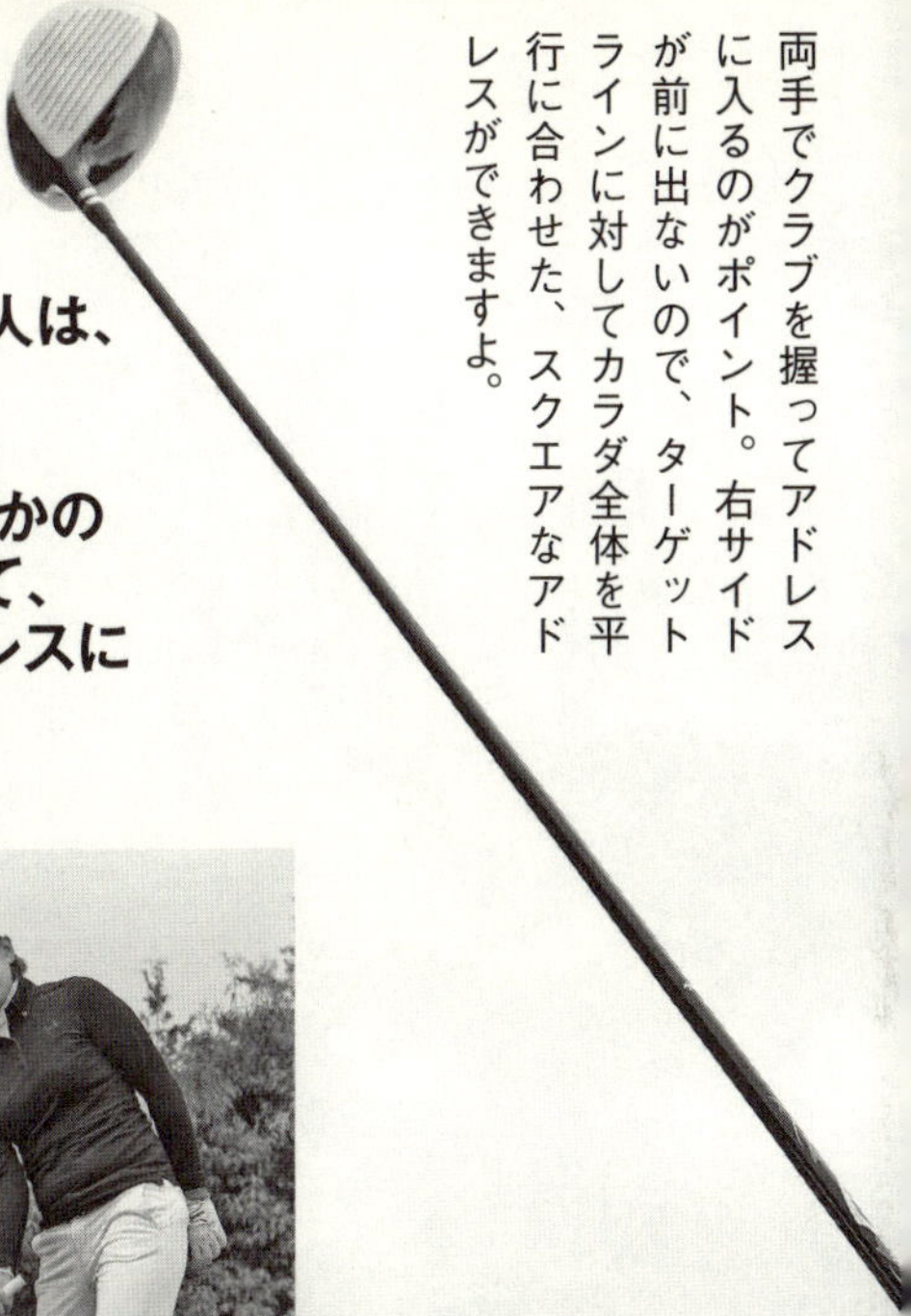

両手でクラブを握ってアドレスに入るのがポイント。右サイドが前に出ないので、ターゲットラインに対してカラダ全体を平行に合わせた、スクエアなアドレスができますよ。

右手でアドレスに入る人は、無意識に左を向いてしまうときがある。スクエアに向いているかのチェックの意味もこめて、両手で握ってからアドレスに入ってみよう

×

右手からアドレスに入るのはダメではないが、右サイドが前に出た構えになりやすい

ボール後方から目標までのラインを確認したら、クラブを両手で握ったままアドレスに入る。こうすると、目標に対して平行に構えられる

●なりた・みすず／1992年10月8日生まれ。167cm。千葉県出身。オリンピック代表を目指す人気プロ。オンワードホールディングス所属。

「前傾キープで真芯でヒット」はお腹を下に向け続ける！

ピンポイントで意識を集中！ みぞおち下の腹筋に力を入れる

腹筋全体ではなくみぞおち下の1点を意識するときちんと腹筋に力が入ります

みぞおち下の腹筋に力を入れてお腹を下に向けたまま振ると、フォローまで前傾をキープできる

インパクトゾーンでお腹が上を向く「お腹がゆるんだ」状態になると、上体は起き上がってしまう

お腹をゆるませず力を入れてスイングする

ダウンスイングからフォローにかけてお腹が上を向いてしまうのも、前傾が崩れる大きな原因です。お腹が上を向いてしまう人は、腹筋がゆるんでしまっています。肩や腕に力が入るのはNGですが、腹筋にはきちんと力を入れて、お腹を下に向けたままインパクトしてください。

腹筋に力を入れるときは、みぞおち下の1点に力を入れましょう。お腹全体ではなく、ピンポイントに力を入れようとすると、意識が集中できるので、腹筋にきちんと力を入れることができます。

TOURSTAGE
肩の向きって
すごく
大事なんですよ

「アレ？」と思う方向のズレは
開いて構えてしまった肩のラインに原因あり！

●たくしま・みか／1986年6月21日生まれ。161cm。美人プロとして注目を集め、賞金シード獲得を目指して奮闘中。岐阜県出身。フリー。

きちんと目標を向いているつもりなのに、肩の向きだけが開いた状態でスイングすると、カット軌道になりやすい

肩の向きがスタンスの向きと同じになっていればOK。それでも方向性が悪いときは、カラダ全体の向きをチェックしてみよう

正しく向いているときの左肩の見え方を覚えておく

スタンスも肩の向きもスクエアに構えているときに、顔を目標側に上げて左肩を見たら、その見え方を覚えておく。肩が開いたり閉じたりするといつもとは違った見え方になってしまうので、肩の向きのズレにすぐ気づける

肩が無意識に開いてしまうと軌道もインパクトも悪くなる

スタンスの向きがきちんと目標を向いていても、両肩を結んだラインの向きがズレると方向性が悪くなります。わたしの場合、無意識に肩のラインが左を向くことがありますが、肩が開いた状態でスイングするとクラブは肩の向きに沿って動いてしまうので、ヘッドが外から下りるカット軌道になってしまうのです。

インパクトも肩が開いていると、フェースをスクエアにしたつもりでも実際はかぶってしまうので左へ引っかかる。または、カット軌道にありがちなオープンフェースになるのでスライスが出てしまいます。

肩の向きのズレはなかなか気づかないところですが、軌道やフェースの向きに注意しているのになぜか真っすぐ飛ばない。そんなミスの原因がよくわからないときこそチェックしてもらいたい、ナイスショットのための大事なポイントなのです。

方向性アップのテクニック

切り返し直後に手だけを下げるとプレーンに乗る

肩のラインを開かずにクラブを下ろす

切り返しの瞬間に意識しているのは、トップまで上げた手を下へ下げることだけ。これは決して手打ちではなく、わたしがいつも注意しているポイントです。切り返しで肩まで回してしまうと肩のラインが開くので、クラブが外から下りてしまいます。

切り返しはカラダの向きを変えずに手だけをストンと下げる。こうすると正しいスイングプレーンにクラブが乗ります。オンプレーンで振れるから、曲げずに遠くに飛ばせるのです。

肩のラインが開くとフェースも開く。それを返しすぎると左へのミスも出てしまう

●アン ソンジュ／1987年8月31日生まれ。160cm。10、11、14年の賞金女王。韓国広州市出身。フリー。

トップのカタチから手だけを下げる。これがクラブをプレーンに乗せるコツ

切り返しても肩のラインや胸の向きはトップとほぼ同じ。以後、見事なオンプレーンで打っている

左腕を長く使って振りきると

フィニッシュがきれいになって
ミスが激減！

きれいな
フィニッシュをとると
大きなミスになりにくい

きれいに振りきるとスイング全体がよくなる

フィニッシュはボールを打ったあとのことですが、きれいなカタチをとろうとすると、自然にナイスショットが出やすくなるものです。わたしの場合、打ったあとに両手が頭のヨコにくるまでは左腕を伸ばし、それ以降にたたんでいきます。

イメージとしては「左腕を長く使う」という感覚です。こうするとフォローでのスイングアークが大きくなり、ヘッドの軌道もよくなるのできれいに振りきったフィニッシュがとれます。

「インパクトは通過点」と考え意識せずに打つ

振りきってきれいなフィニッシュをとるためには、インパクトでなにかしようとせずに、インパクトは単なるスイングの通過点と考えて振る。ボールがあることも意識しないでヘッドを走らせれば、ヘッドピードも上がる

左サイドが危険なホールは

左側に立って右を向き その場でクルッと回転する

肩やスタンスの向きなど
カラダ全体をきちんと右に向け、
ティグラウンドの左側から
右サイドを狙って打つ

●うえはら・あやこ／1983年12月22日生まれ。160cm。米女子ツアーに果敢に挑戦中。沖縄県出身。モスフードサービス所属。

その場でクルッと回るイメージをもって、カラダの幅のなかで回転しながら打つ

腰や肩がカラダの幅から出ると、ミスヒットして曲がってしまう

手を使ってフェースを返そうとすると、返しすぎてしまったり、手首が折れるのでボールを強くたたけなくなる

ヒジから先を返すイメージでボールをつかまえにいくと、カラダの回転と返すタイミングが合うので方向性がよくなる

右側の目標に対してスクエアに構えたら回転を止めずに打つ

左がOBなどで危険なときは、左サイドを遠ざけるために、ティグラウンドの左側に立って右サイドを狙って打ちます。右サイドの狙い方はアドレスからきっちりつくり、右サイドに立てた目標に対してスクエアに構えをとってください。

打ち方は、カラダの回転を止めないように注意。回転が止まって腕だけを振ると、フェースがかぶって左に飛びやすくなります。カラダの幅のなかでクルッと回転するイメージをもって、カラダ全体で振りきりましょう。

ヘッドスピードを上げるテクニック！

プレーンを意識してスイングアークを大きくする

スイングアークを大きくするときは、
バックスイング（上）でも
フォローでも（下）必ず正しいプレーンを
なぞる意識をもつ

腕を伸ばしても ワキは必ず締める

腕を伸ばしてスイングアークを大きくするが、バックスイングでは右ワキ、フォローでは左ワキがあかないように注意する

ヘッドを遠ざけると スイング軌道が ズレてしまう

カラダの大きな選手に負けない飛距離を出すコツは、できるだけヘッドで大きな円弧を描くスイングすることです。でも、単純に腕を伸ばしヘッドをカラダから遠ざけるだけではダメ。スイング軌道がズレてミスショットが出てしまいます。

スイングアークを大きくするときは同時に「ヘッドやシャフトで正しいプレーンをなぞる」という意識をもってください。

手がカラダの近くにないとパワーを出せない

カラダの回転が鋭くなる！

野球のバッティングをイメージ。手がカラダから離れると泳いだスイングになるので（×）、必ず手元を引きつけて打つ（○）

アドレスの時点で手を近くにセット。スイング中はとくにインパクトゾーンで手がカラダから離れないように注意する

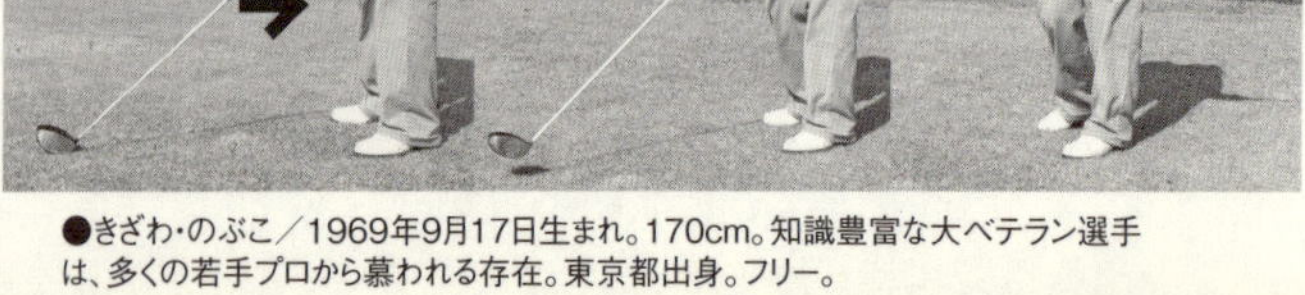

●きざわ・のぶこ／1969年9月17日生まれ。170cm。知識豊富な大ベテラン選手は、多くの若手プロから慕われる存在。東京都出身。フリー。

手がカラダから離れると回転力も落ちてしまう

　アマチュアが飛ばない原因のひとつは、手とカラダとの距離。たとえば野球のバッティングは、ボールを引きつけて打ちますよね。そのとき手は必ずカラダの近くにあります。ゴルフのスイングもそれと同じ。手がカラダから離れると力が出せません。

　アドレスの時点で手をカラダの近くに置いて構える。そして、スイング中もなるべくカラダの近くを通す。こうするとパワーが出るだけでなくカラダの回転も鋭くなるので、キレのよい回転力で飛ばすスイングにもなりますよ。

「当て方」のイメージでうまくなる！

ドライバーはティアップしているのでベタ足で真ヨコか少し下から当てる

右足が浮くのをガマンすると右肩が出ないのでヨコからたたける

ドライバーは遠くへ飛ばすために、ヘッドをボールの真ヨコか少し下から当てるイメージになります。ティアップしているので、このイメージは容易につくれるはずですが、クラブが上から入ってしまう人はベタ足で振るイメージをもちましょう。ヘッドが上から入るのは、ダウンスイングで右足が早く浮いて右サイドが前に出てしまうのが原因のひとつ。右足が浮くのをガマンしてカラダ全体の動きを抑えると、レベルかアッパーブローでヒットできます。

○ ダウンスイングで右足が浮くのをガマンして、ベタ足のまま振るとボールを真ヨコからヒットできる

× 右足が早く浮くと右肩が前に出てくる。その動きにつられてヘッドが上から鋭角に下りてしまう

○ ヘッドが地面と平行か
少し下から入ればOK。
ティの上に乗ったボールを
真ヨコかアッパーブローで
ヒットするのが、
一番飛ばせる当て方

× ヘッドを上から入れるのは
飛ばない当て方。
スライス、フケ上がり、
テンプラなどのミスが多い人は、
打ち込んでしまう傾向がある

無意識に力を加減してしまわない練習法

コースでしっかり振るコツは練習場でのマン振り！

練習場
▼
10割
スイング

コース
▼
8割
スイング

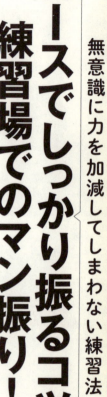

コースに出ても8割以下で振るのは力の抑えすぎ！

コースでは方向性も重視しないといけないので、無意識に力を加減してしまいがち。でも、飛ばないアマチュアは加減しすぎです。加減しすぎた6割以下のスイングでは、飛ばないどころかミスヒットも多く出るので、せめて8割程度のしっかりと振るスイングをしてください。

そのためには、練習場ではマン振りの10割スイングをしておく。事前に10割を経験しておけば、少しだけ加減する8割で振る感覚がわかるので、加減しすぎが防げます。

練習場で10割スイングを体験しておけば、2割落としても8割で振れる。加減しすぎによる飛距離ダウンやミスが防げる

スイング中に胸が上を向いてしまうと、ボールに大きなパワーを伝えられなくなってしまう

ナイスショットのための準備

具体的に弾道をイメージして それに合ったリズムを素振りで確認

高めの弾道、
ライナー性の弾道、
軽いフェードなど
具体的にイメージ
しましょう

打つ前にボールの軌道をイメージする

ナイスショットは 打つ前のイメージが大切

ティショットのドライバー、緊張しますか？　わたしは集中すると、まわりのものや音が気にならなくなるので緊張しません。それはさておき、ドライバーでナイスショットするには、大事な基本がふたつあると思います。

まず、打つ前にこれから打つ弾道をしっかりとイメージすることです。「ポーン」と弧を描く弾道か、「サッ」とライナーで飛んでいく球なのかなど、具体的にイメージします。次に、そのイメージに合ったリズムで振れるように、

●こばやし・さりな／1993年5月3日生まれ。158cm。ステップアップツアーからレギュラーツアー出場を目指す。埼玉県出身。ゴルフパートナー所属。

イメージに沿ったリズムで素振りをする

イメージした弾道を
打つためのリズムを
考えながら
素振りをしましょう

素振りをすることです。打つ弾道によってスイングのリズムは変わってもいいと思います。狙った弾道を打てるかどうかではなく、このふたつを打つ前に忘れずに行うことが大事です。

ヘッドアップして球を上げるような動きは厳禁。イメージもリズムも台無しになる

フォロー側45度を腕が越えたら頭を上げる。これでインパクトゾーンが長くなる

「ラウンド後半に疲れてきたら……」

ボールを胸で見るつもりでヒット！

胸に目があり、
その目をボールに
向けるつもりで打つと、
カラダが正面を向いた
インパクトができる

疲れによるミスのおもな原因は、カラダが開いたり伸び上がったり（右）、ヘッドアップしてしまう（左）こと

カラダを正面に向けておけばうまくミートできる

ラウンドの後半に疲れてきたときに一番出やすい欠点は、下半身が踏んばりが利かなくなることです。踏んばれないと、スイング中にカラダが流れやすくなってしまいますが、そんなときは胸についた目をイメージ。その目がボールを真正面から見るようにインパクトすると、カラダが流れたり前傾角が起き上がるのを防げます。

インパクトでカラダさえ正面を向けておけば、ボールをうまくミートできるので、ミスヒットを防げますよ。

風が強い日のティショットは

ボールがヘッドの高さを超えない低いティアップで打つ

打ち方はいつもどおり。低くティアップしておけば、自然に低い球が出る

風が強いと感じたらティを低くします

●よこみね・さくら／1985年12月13日生まれ。155cm。101試合連続予選通過の前人未到の大記録を達成。米ツアー参戦中。鹿児島県出身。エプソン所属。

ふだんは…

インパクトで右手のひらが上や下を向いてしまうと、腕と手首のターンがカラダの回転と合わなくなるのでミスヒットになる

風が強いときは…

ボールがヘッドより上に出ない高さにセット。フェースの上めに当たらないので、弾道の高さが抑えられる

スイングを変えずにティの高さだけを変えるのがさくら流

アゲンストや左右から強い風が吹いているとき、わたしは低い球を打って、風の影響を受けにくくしています。低い球を打つための工夫は、ティアップの高さをかなり低くするだけ。

ふだんは、クラブをソールしたときにボールがヘッドより上に出る高さにセットしますが、風が強いときはヘッドから出ないようにしています。ボールの高さは打ち方でも抑えることができますが、これは、スイングがズレてミスヒットになりやすい。わたしのように、ティの高さだけ変えるほうが、簡単だしきっとうまくいきますよ。

ゆっくりとしたテンポでＯＫ！

腰痛ゴルファーは インパクト前だけ加速させて打つ

これでも
飛距離は以前と
変わりませんでした

●とよなが・しほ／1990年5月6日生まれ。169cm。人気上昇中のスレンダー美人プロ。熊本県出身。東芝所属。

インパクト前まではゆっくりとしたテンポでOK。インパクト直前から加速させる

バックスイングも切り返しもゆっくりでOK

腰痛で思うように練習やスイングができないゴルファーは、スイングテンポを変えてみてください。バックスイングはカラダを大きく回しますが、テンポはかなりゆっくりでOK。切り返しもダウンスイングも同じくゆっくりにして、インパクト前からスピードを加速させます。

わたし自身、腰を痛めてスイングに悩みましたが、このテンポで振るようにしてから痛みもなくなりましたし、飛距離も以前と変わらず飛んでいます。

FW《フェアウェイウッド》・UT《ユーティリティ》

ボールはクラブが上げてくれる。
目線は上ではなく
「地面と平行」にする！

フェアウェイにあるボールを
次の目的地へと運ぶというのが、FWとUTの基本的な役割。
ただ、問題は地面にボールがあるということ。
ボールと芝生の隙間へきれいにヘッドを打ち込まなければ
と思い、みずから無理矢理上げにいって
ミスをするケースが多いようです。
もしかすると、いまは見かけなくなったロングアイアンは、
そのような技術が必要だったのかもしれませんが、
いまのクラブはそんなにむずかしいことを
考える必要がありません。
目線を地面と平行に保ち、
上から打ち込みすぎないように
ヨコから払い打つほうが、ボールに浮力が生まれます。
イメージは「クラブがボールを上げてくれる」。
FWとUTは、簡単に考えることが、
上達のコツなのです。（石井 忍）

Coca-Cola

グリップを短く握ったら

上げるときはゆっくり下ろすときはしっかり振る

バックスイング

テンポが早くならないようにゆっくり上げながら、カラダを大きく回す

ゆるまないようにしっかり振ったほうがミスにならない

パー5のセカンドショットで、距離を出しながらフェアウエイをキープするには3つのポイントがあります。ひとつめは、3Wのグリップを極端に短く握ること。それでも普通に握った5Wよりも飛距離はこっちのほうが出るんです。

次に、バックスイングですが、グリップを短く持つとテンポが早くなりがちなので、トップまでゆっくり上げることを意識してください。

最後にダウンスイングは、ヘッドを走らせるイメージをもってしっかり加速。しっかり振れば、ミスの原因になる「ゆるみ」を防ぐことができます。

ダウンスイング

しっかり振ることでカラダのゆるみをシャットアウト。きちんとボールをヒットする

ミート率を上げるため、トップはコンパクトだが、フィニッシュは最後まできちんと振りきる

長いパー3でニアピンを獲る！

止めたいときはティ低め 飛ばしたいときはティ高め

ティの高さの違いで スイングが自然に変わる

170〜180ヤードは、女子プロの場合、7、9番ウッドが多いのですが、わたしは23度のUTで打ちます。その理由は、ショートウッドだとボールがつかまりすぎてしまうから。

また、ピンが手前でボールを止めたいときはフェード。ピンが奥でしっかり距離を出したいときはドローと、球筋を打ち分けてピンを狙っていきます。

球筋を変えるときに、わたしが工夫するのはスイングではなくティアップの高さ。フェードを打ちたいときは、ティがほとんど埋まるくらい低くすると、ヘッドの入れ方がダウンブローになってボールにフェード回転がかかりやすくなります。ドローが打ちたいときは、ボールと地面との間に隙間ができるくらい高くする。こうすると、つかまりがよくなるアッパーブローで打てるのでドロー回転がかかるのです。

ティの高さの違いだけでヘッドの入れ方が変わり、スイングも打ちたい球筋なりに変化する。簡単な打ち分け術なので、ぜひ試してみてください。

フェード

ドロー

ピンが手前 → 止めたい → 低くティアップ

低くティアップするとヘッドを入れる隙間がなくなる。ヘッドを上から入れるダウンブローでヒットしたくなるのでカット軌道になって、つかまりすぎが防げる

ピンが奥 → 飛ばしたい → 高くティアップ

高くティアップするとボールと地面の間に隙間ができるので、アッパーブローでヒットできる。ボールのつかまりもよくなりドローが打てる

ティアップの高さの違いでヘッドの入れやすさが変わり、結果的に狙った球筋を打つのに適したスイングができる

長いパー3では
ユーティリティを
有効活用
しましょう!

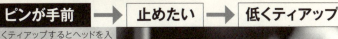

飛距離＆方向性アップには

15センチ先に真っすぐ打ち出せばボールも真っすぐ飛んでいく！

15センチ

ボールの
15センチ先を
強く意識。
ここだけ
真っすぐ
打ち出せば、
FWは上手に
打ちこなせる

「アドレスでの目線」と「インパクト後のヘッド軌道」を低くする

目標やボールが落ちる地点を見る「目線の高い構え」（×）は、インパクトゾーンで上下動を起こしやすい。「目線を低くとる構え」（○）なら前傾角をキープしたままスイングできる

インパクト後にヘッドがすぐに高く上がるとカラダが伸び上がったり開いてしまう（×）。低く出していくと、フェースを目標に向けながらインパクトできる（○）

出球だけを意識して打てば曲げずに遠くへ飛ばせる

ＦＷが飛ばない、曲がってしまう人は「ボールの先の15センチ」を意識して打ってください。フェースを目標に合わせて構えたら、目線を低くしてボールのすぐ先だけを見て振る。こうすると、インパクトゾーンでカラダが起き上がったり突っ込んだりを防ぐことができます。

バックスイングやダウンスイングでは、とくになにも気にしなくてＯＫ。ただし、インパクト後にヘッドを意識した15センチ先に向かって低く真っすぐ出す。それだけでインパクト時のフェースの向きが開いたりかぶったりせずに、目標に対してスクエアになります。

また、スイング軌道も自然によくなるので、ボールを曲げずに遠くへ飛ばせます。「カンタンなのに効果大」のわたしのおすすめレッスン。ぜひ試してくださいね。

高い弾道を打とうとするとミスしやすいので

フェアウェイウッドは中弾道をイメージするだけでOK！

ダフリ、トップは軸のキープで防ぐ

高い弾道を打とうとすると軸が右に傾きやすくなるが、中弾道や低弾道を狙って打つときは軸の傾き強く意識する。スイング中、左右に倒さず真っすぐをキープすれば、構えた位置にヘッドを戻してボールをヒットできる

真っすぐな軸をキープして振る。とくに切り返しからインパクトで傾かないように注意しよう

軸が右に傾くとダフリ・トップが出てしまう

軸をキープすれば構えた位置にヘッドが戻ります

●わかばやし・まいこ／1988年6月9日生まれ。165cm。新潟県出身。ヨネックス所属。

高く上げようとするのがミスの元。FWは「中弾道」を狙って打とう

FWの弾道イメージ

ユーティリティは低弾道をイメージしてから振ろう！

FWやUTは高く上げようとするのがミスの元

ＦＷやＵＴが苦手な人にありがちなミスは、ボールを「高く上げよう」とすることです。高く上げようとするスイングは、ダフリ・トップの大きな原因になるので、いっさい気にせずに打ってください。ミートに大切なのは、いつもどおりスムーズに振ることなのです。

むしろ、ＦＷやＵＴの弾道イメージは、低く抑えて打つのがわたしのオススメです。そのほうが、ボールを真横から払い打つスイングができますし、方向性もよくなります。「ＦＷは中弾道」「ＵＴは低弾道」をイメージして打つスイング、ぜひ次の練習やラウンドで試してみてくださいね。

ヘビーラフはUTで打つのが基本

ラフに入ったときは、ライの見極めが大切。ボールがちょっとでも沈んでいるときは、FWではなく迷わずロフトの寝ているUTで打とう。これもボールを高く上げようとするのは厳禁。低い弾道で狙えばきちんと飛距離が出せる

ラフでもボールが完全に浮いていればFWでもOK。少しでも沈んでいるときは飛距離を欲ばらず、UTで打つことが賢い選択

UTは「低弾道」をイメージすれば真横から払い打つスイングができる

UTの弾道イメージ

ユーティリティのボール位置は

ソールがぴったり地面につく真ん中ちょい左にセット

ソール形状なりに構えればいいんです

ボールを右に寄せすぎると高く上がらない（左）。左に寄せすぎると高く上がりすぎるかボールの頭をたたいてしまう（右）

少し左寄りのボールを打つとロフトなりの弾道で飛ばせるので、狙った距離が打てる

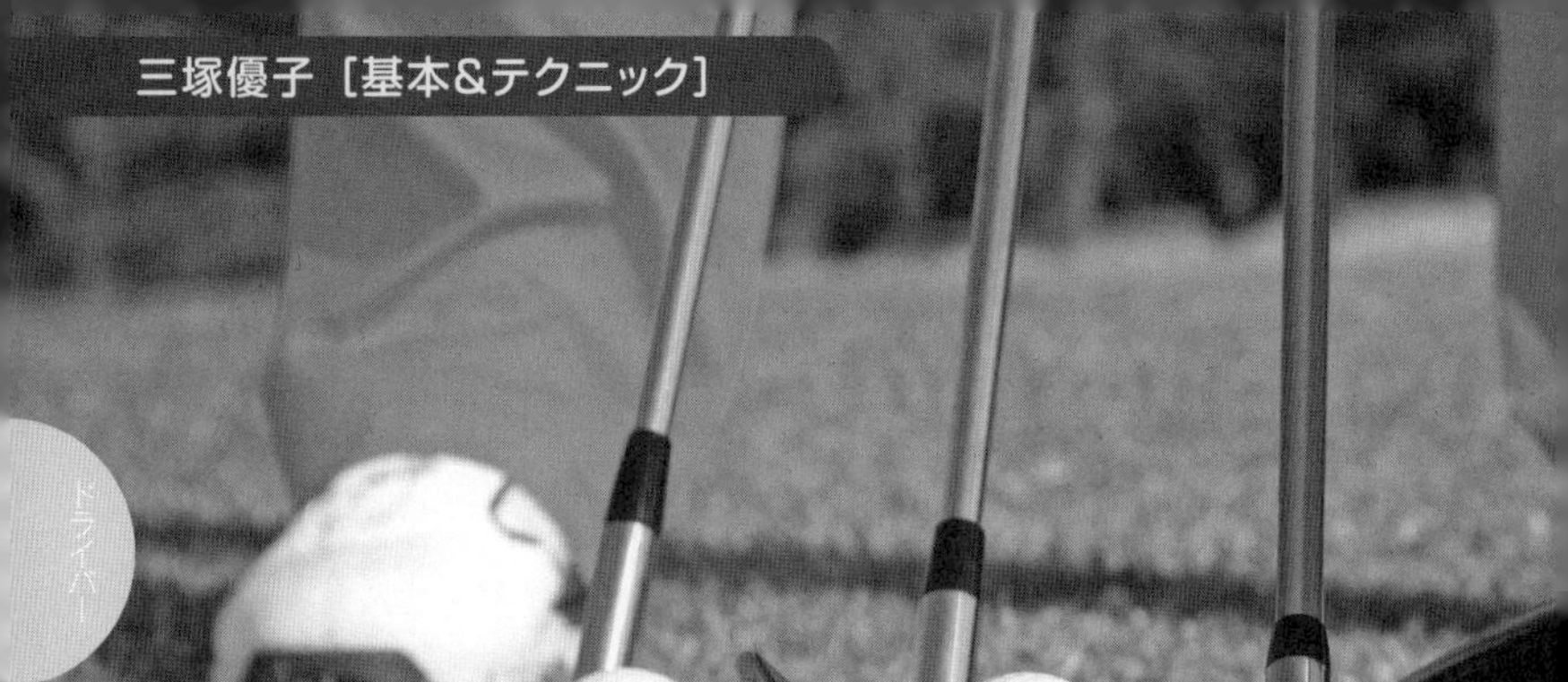

各番手のソールを地面にピタッとつけるように構えると、ボール位置は自然と決まってくる

ロフトなりに飛ばせる位置で構える

ウッドとアイアンの中間の形状をしているユーティリティ（以下・UT）は、ボールをどこにセットすればいいか。その答えはソールにあります。

手の位置はどの番手も左太モモの前にセットするのが基本。その位置を変えずにソールを地面にピタッとつけてみると、UTはヘッドがカラダのほぼ中心にくるはずです。ですから、ボールはほんの少しだけ左足寄りが正解。ここで構えると、ロフトなりの最適弾道で飛ばせます。

ミート率アップには大振り禁止！

曲げない秘けつは「スリークォーター」のスイング！

FWとUTで打ち方は変わる？

形状がウッドに近いFWは、ボール位置が少し左寄り。アイアンに近いUTは、アイアンと同じくカラダの真ん中にセットするだけで、打ち方をとくに変えているところはありません。

どちらもまったく同じです

ライン出し

堀がライン出しをするときの、スリークォーターショットと通常のフルショットのトップ（写真左）とフィニッシュ（写真右）を重ねて比べてみた。カラダの回転量はあまり変わらないが、スリークォーターのほうが手の位置はかなり低く、ヘッドは高い位置にある

ミート率を高めれば飛距離が落ちる心配はいらない

FWやUTのように長いクラブも、コンパクトに振ればラインを出せます。コンパクトにする度合いはスリークォーター。フルショットを100とした75%くらいの大きさで振ってください。

75%しか振らないと、スイングが小さすぎて飛ばないのでは？ と思う人もいるでしょうが、75%のつもりでも実際は8割くらいまで大きく振ってしまうので、75%のイメージがちょうどいいのです。

それにコンパクトにするとミート率が上がるので、飛距離はフルショットとほとんど変わりません。

●ほり・なつか／1992年7月6日生まれ。。159cm。人気急上昇中の美人プロ。徳島県出身。サマンサタバサ所属。

スイング中の注意点！ コンパクトでも

注意1 カラダをしっかりターン
注意2 切り返しで打ち急がない

「スイングをコンパクトにしてください」というと、クラブを手で上げて小さなトップをつくる人が多いですが、カラダを回さないコンパクトは手打ちと同じ。胸をトップまでには右、フォローでは左を向くまでカラダをきちんとターンさせましょう。フィニッシュではお腹も目標に向けると、振りが鋭くなって飛ばせます。

インパクト後はカラダをターンさせて振りきる。お腹が目標を向くまでターンすると、カラダの回転が上がるので飛距離も伸ばせる

コンパクトでもリズムは一緒。クラブをいつもより振り上げない手の位置が低いトップは、切り返すタイミングが早くなりがちですが、打ち急いで早くクラブを下ろしてしまうのはミスの元。小さなトップからゆっくりと切り返し、インパクトに向かって徐々に加速させていくイメージで振りましょう。

切り返しで加速させず、ゆっくり切り返してインパクトに向かってスピードを徐々に上げるイメージで振る

注意1
カラダをしっかりターン

フィニッシュでお腹をきちんと目標に向ける

注意2
切り返しで打ち急がない

タイミングが早くなりがちなのでゆっくりを意識する

地面の上のボールを確実にミートするにはバックスイングで

上半身は右回転で捻転を深く 下半身は左回転で安定させる

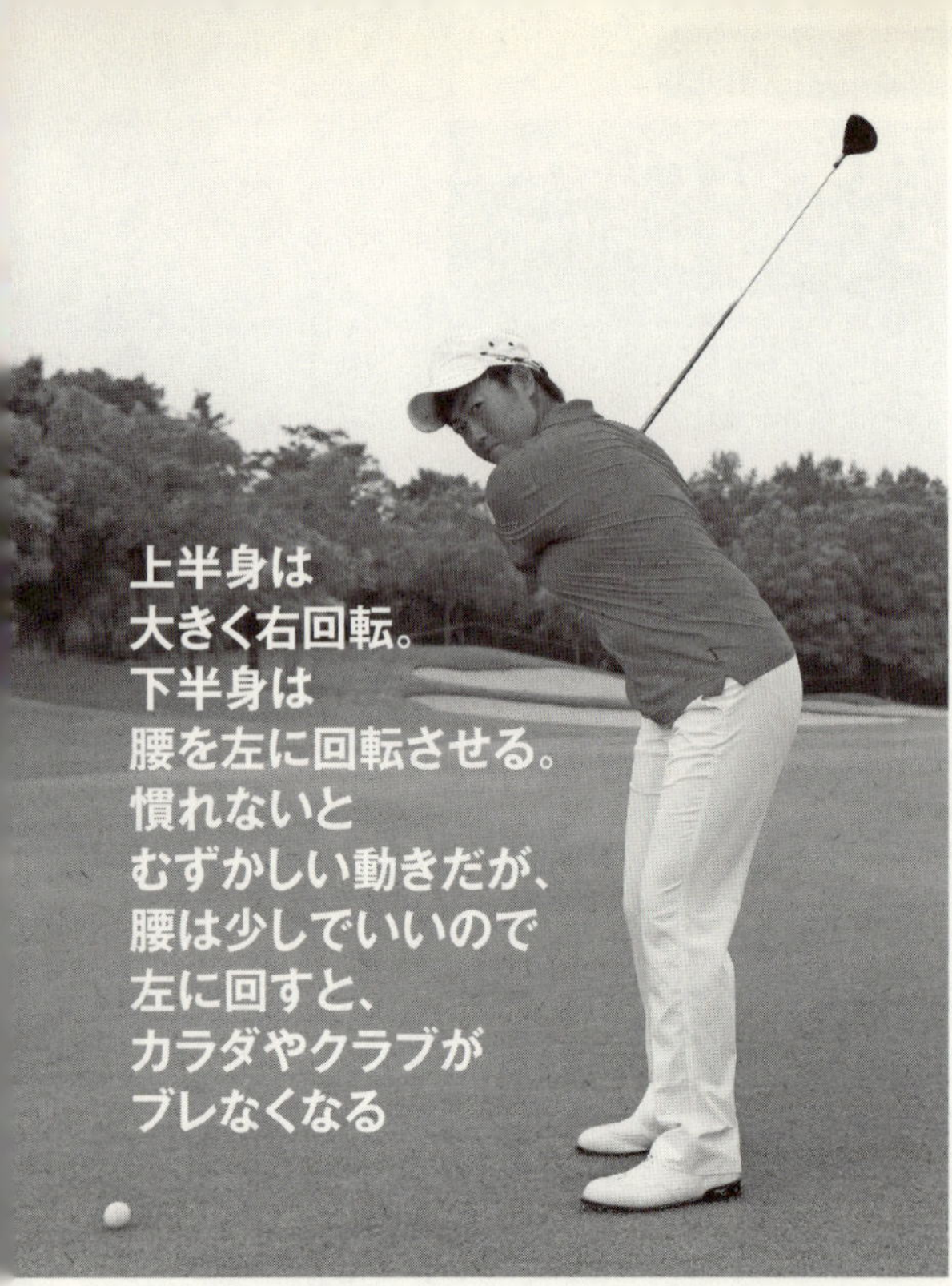
上半身は
大きく右回転。
下半身は
腰を左に回転させる。
慣れないと
むずかしい動きだが、
腰は少しでいいので
左に回すと、
カラダやクラブが
ブレなくなる

バックスイングで
上半身の捻転が浅いと

×
×

手元が先行してフェースが開く。カラダが早く開いたり、目標方向に突っ込んでミスをする

●くどう・はるか／1992年11月18日生まれ。171cm。父・公康はプロ野球のソフトバンク監督。兄・阿須加は人気俳優。埼玉県出身。フリー。

上半身と下半身の逆回転で安定感がアップ！

FWをうまく打つには、カラダのブレを防ぐことが大切です。下半身は重心を下げてどっしり構えたら、固定したまま振ります。ただし、上半身は手打ちにならないようにきちんと捻転させる。わたしの場合、このふたつを両立させるために、上半身を大きく右に回転するときに、腰を少し左に回転させます。

上半身と下半身を逆方向に回すことで、捻転差はより広がり、下半身の安定感もアップ。ボールにヘッドを上手にコンタクトさせられるので、地面の上のボールをきれいに拾って打てます。

ドライバー
FW・UT
アイアン
アプローチ
バンカー
パッティング

バックスイングで下半身が動きすぎると

クラブがインに上がってしまうのでインから入る。ボールが上がらずヒッカケやチーピンが出る

打つ前にリラックス&打つときはコンパクト

欲ばり厳禁！ 3Wなりの飛距離を出す

腹式呼吸で邪念をなくしてからアドレスに入る

刻むはずなのに、いざ打つときになるとドライバーなみに飛ばそうとする。それがFWでのティショットをミスする大きな原因です。肝心なのは、欲ばらずに3Wなら3Wなりの飛距離を打つ意識。刻むティショットは方向性も大事なので、いつもよりコンパクトに振るくらいでOKです。

わたしの場合、ボールの後方で鼻から息を吸って口からゆっくり吐く、腹式呼吸をしてからアドレスに入ります。このルーティンで気持ちを落ち着かせて、邪念が出ないように注意してください。

鼻から息を吸って口から息を吐く腹式呼吸だと、カラダの余分な力が抜ける。深呼吸でリラックスしたら、方向をしっかり確認してからアドレスに入ろう

●たかしま・さゆり／1992年9月3日生まれ。173cm。2011年プロ入り。長身スレンダーなモデル系美人プロ。京都府出身。ザ・カントリークラブ・ジャパン所属。

飛距離を欲ばる大振りは厳禁（×）。振りちぎることよりトップもフィニッシュもコンパクトにして方向性を大切にする（○）

ユーティリティは上がる、止まる、きちんと飛ぶ！

ロングアイアンよりも断然カンタン！ ユーティリティを活用しよう

イメージは払いすぎず打ち込みすぎず！

UTはウッドとアイアンの中間の形状なので、打ち方もその中間。FWのようにボールを払い打つのでも、アイアンのようダウンブローでもなく「軽く打ち込む」が正解です。アイアンに近い形状のUTでも、打ち込むのは厳禁。普通のアイアンよりはソールが厚いので、打ち込みすぎると地面で跳ねてトップしてしまいます。もちろん、ターフをとるイメージはもたなくていいですよ。

FW

アイアン

UT

払い打つFWと打ち込むアイアン、その中間の入射角で打つ。払い打つ感覚でハンドファーストのインパクトをつくるとうまく打てる

●ささき・けいこ／1976年11月6日生まれ。162cm。スポーツ万能なママさんプロ。神奈川県出身。スズキトラスト所属。

ユーティリティはを打ちこなすためのテクニック

ボール位置もスイング軌道も ウッドとアイアンの中間でOK!

ボール位置は アイアンよりも 左寄り!

ユーティリティは、打ち込みすぎはよくありません。打ち込みすぎを防ぐ工夫はボール位置。ウッドよりも右寄り、アイアンよりも左寄りにボールをセットしてください。アイアンと同じ位置にすると、ヘッドの入射角が鋭角になりすぎるだけでなく、つかまりすぎてしまう。低いライナーになってキャリーが出なくなるので、飛距離も出なくなるし、高さで止まるボールも打てなくなります。

左に寄せすぎ　右に寄せすぎ　適正位置

ボールを左に寄せすぎるとダフリやトップが出る。右に寄せすぎるとつかまりすぎて低いライナーに。やや左寄りにすると、UTの長所である高めの弾道が打てる

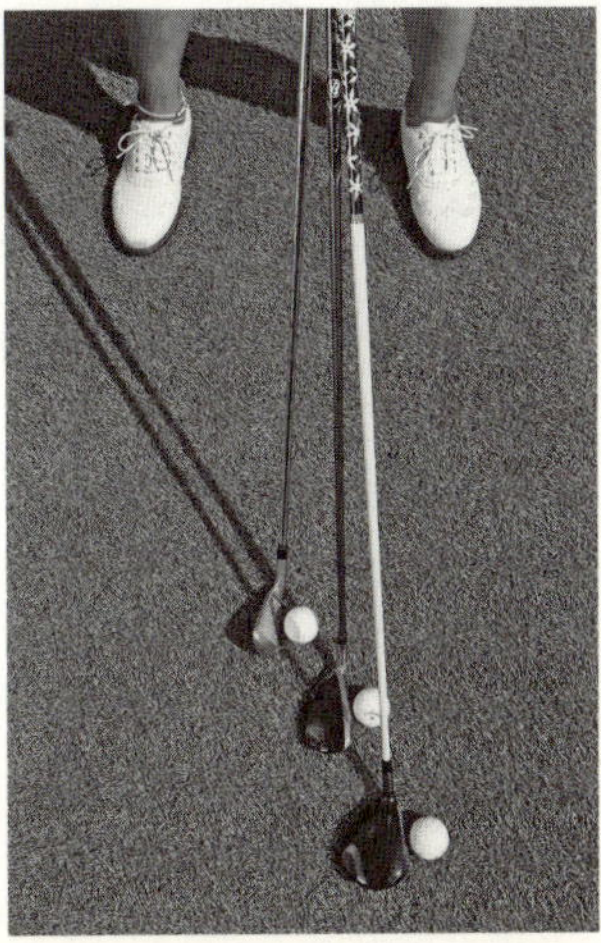

下村のUTのボール位置。ウッドよりも右寄りでアイアンよりも左寄りにセットしている

アイアン

乗せるアイアンは「打つ前のイメージ」が大事！

ショットメーカーと呼ばれる
プレーヤーに共通していえることは、
アイアンショットのコントロールが優れていること。
たとえティショットが少し乱れても、
アイアンをうまく打てれば、
グリーンに乗せたり、
グリーン近くまで運んで
パーをセーブすることができる。
とくにアイアンショットの
弾道の高さに注目していただきたいです。
同じ番手なら、いつも同じ高さで飛んでいます。
それには、ボールの高さをイメージして、
それに応じた入射角を安定させることが大事。
入射角が安定すれば高さが安定する。
高さが安定すれば、ショット自体も安定する。
イ・ボミもそう。
ボールの後方からターゲントを見るとき、
「まずはどの方向にどの高さに打っていくのか」を
イメージしています。（石井 忍）

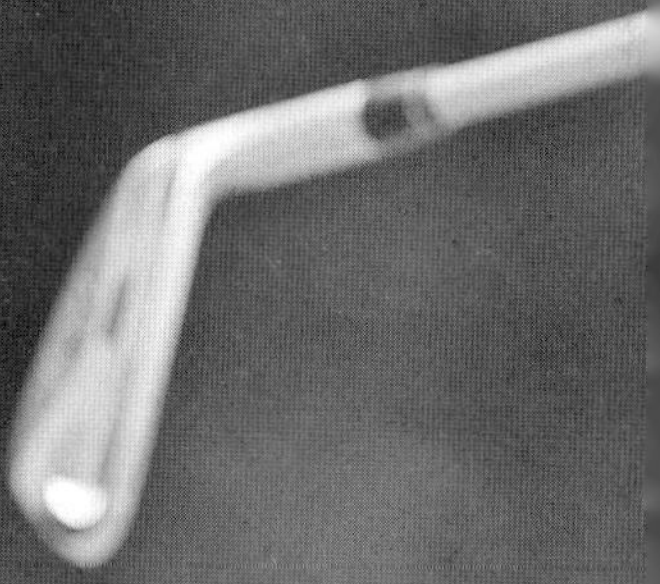

ナイスショットのアドレスづくり

スタンス向きは「構えやすい」でOK！ 肩の向きは絶対スクエア

スタンスの向きは
スクエアでなくても
肩のラインさえ
きちんと
スクエアにすれば
真っすぐ打てる

スタンスの向きは少しオープンだが、肩のラインはまったく開かず、スクエアな向きで構えている

ボミのスタンスはオープンでも肩は超スクエア！

スタンスの向きは、人それぞれ右や左を向くクセがあり、わたしの場合、少し左を向いたオープンスタンスにしたほうが構えやすいし、気持ちよく振れます。でも、カラダ全体が左を向くとボールは曲がってしまうので、肩の向きだけはスクエアにします。

シャフトを胸の前に当てたら、飛球線のラインと平行に合わせて、スクエアな向きになっているかチェック。セルフチェックだけでなく、定期的にだれかに見てもらい、肩のラインだけは必ずスクエアになるようにしてください。

肩の向きさえ
スクエアになれば
曲がりませんよ

肩はスクエアだが、切り返し以降にカラダが回しやすいオープンスタンスにして、回転の鋭さとキレで方向性のいいショットを打つのがボミ流

ボール位置でナイスショット！

ミドルアイアンは〝少し左寄りで左を向く〟ウエッジは〝かなり右寄りで真っすぐ向く〟

アイアンのボール位置はすべて同じではなく、番手によって変えるのが有村流。ロフトの違いによるつかまりやすさを計算して、左のアップの写真のような位置にセットしている

つかまりやすさやつかまりすぎを計算して打つ

わたしはもともとフェード打ちなので目標よりも少し左を向いて構えていますが、ミドルアイアンは右に曲がる度合いが大きいのでかなり左を向きます。ボール位置は真ん中で、フェースをターンさせて意図的につかまえて打ちます。

ショートアイアンは、ロフトが寝ていてよくつかまるぶん、あまり左を向きません。ボール位置は、左に寄せてしまうとフェースがターンしすぎて引っかけてしまうので、右足寄りにセットします。つかまりやすさは番手が下がると徐々に上がるので、ウエッジはアドレスは目標を向くスクエア、ボールはかなり右足寄りになっていきます。

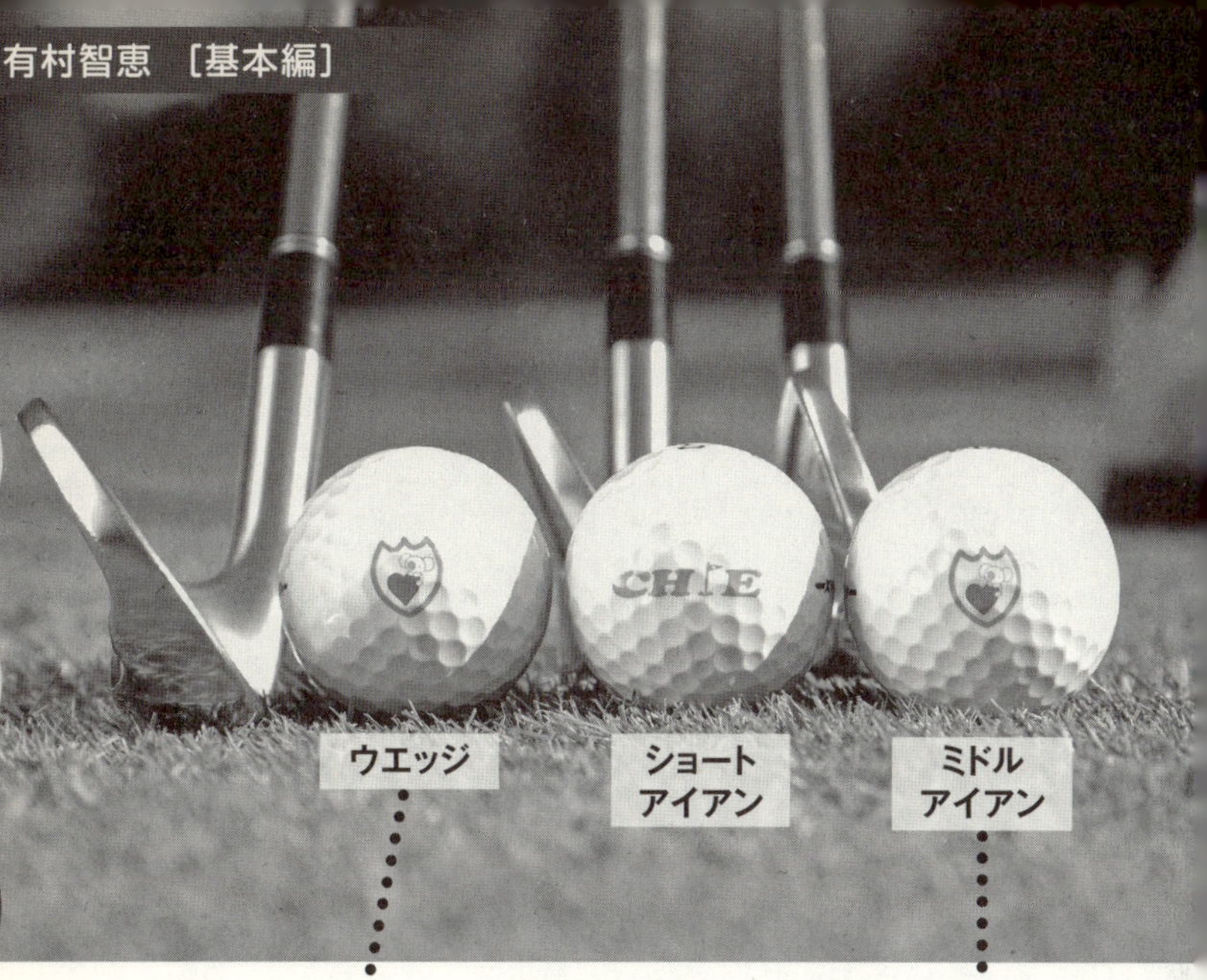

PWから下のウエッジはロフトが寝ていてつかまりやすいので、ボール位置はカラダのセンターよりも右寄りにセット。アドレスの向きは、スタンスも肩のラインも目標に対してスクエア

アドレスの向きはピン方向よりも左。ロフトが立ったアイアンはつかまりにくいので、ボール位置は少し左寄りにして、インパクトはアドレス時よりもヘッドをターンさせてつかまえて打つ

ボールを正しい位置にセットする！

真ん中はボールではなくヘッド！ボールは1個半まで左寄りにセット

ヘッドを
真ん中にすると
ボールは左寄り
ですよ
PING

右寄りにセットするのは特別な状況だけ。通常でも右寄りにすると、ヘッドを鋭角に入れようとしてカラダが左に突っ込む

ヘッドをカラダの真ん中に戻してインパクト。ボールが真ん中より左寄りにあれば、ダフリ・トップを防いできれいに拾って打てる

スイング修正も ボール位置は 左寄りのまま行う

　アイアンの場合、カラダの真ん中にセットするのはヘッドなので、ボール位置は真ん中より左になります。これが基本のボール位置で、ここから1個半くらいまで左寄りはOKです。

　絶対にダメなのが右寄りすぎる位置。飛ばしたい、つかまえたいと思うと右寄りにしがちですが、上から打ち込みすぎてダフったり、フェースの返りが間に合わなくなって右方向に飛んでしまう原因になります。ミスの修正は、ボール位置を左寄りのまま行わないと、余計にスイングが崩れてしまいますよ。

正しいカラダの回し方

右肩下がりをキープするのが本当のレベルターン

右肩が下がるのが自然な構え

クラブは左手より下に右手を沿えて握るので、肩のラインは自然に右肩が下がった傾きになります。この右肩下がりのラインを、地面と平行にしようとしてはダメ。肩をレベルに回そうとすると下がった右肩を上げてしまいがちですが、バックスイングでは右サイドが伸び上がり、ダウンでは右肩が突っ込んでしまうので、クラブの軌道や入射角が悪くなります。

右肩が自然に下がっている状態をキープしながらカラダを回すのが、本当のレベルターンなのです。

レベルターンを意識すると両肩の高さをそろえがちだが、右肩は自然に下がるので地面と平行に回してはいけない

右手が下にくるので肩のラインは右が下がるが、腰のラインは地面と平行にするのが正しい構え

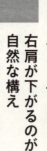

右肩を上げたり、左肩を下げたりせず、右肩が下がったラインをキープする意識をもって回転する

腰のラインは地面と平行をキープ!

腰のラインは、アドレスもスイング中も地面と平行をキープする。左右に傾かないように注意しながらターンすると、頭の位置がズレないので軸を真っすぐ保ったまま、鋭くなめらかに回転できる

背すじを伸ばしてアゴをちょっと引く
重心を下げて伸び上がりを防止！

前傾キープがクリーンヒットのコツ

アゴを引いて重心を下げて前傾角をキープ！

背中がまるまった構えを直そうとして背すじを伸ばすとき、アゴが上がったままはNGです。アゴの向きは重心の位置と密接な関係があり、アゴが上がった構えは重心が高くなるので、スイング中に伸び上がりやすくなるのです。

アゴの向きは、背すじを伸ばしたらちょっとだけ引くのが正解。こうすると、安定感が増す、重心の下がった構えができます。クラブを勢いよく振っても前傾角が崩れないので、ボールをきちんとミートできますよ。

●きくち・えりか／1988年7月12日生まれ。156cm。2015年賞金ランキングは日本勢3番手の8位と大活躍。北海道出身。オンワードホールディングス所属。

背中がまるまった構えは、回転がしづらい、上下動が起こりやすくなるので絶対にNG

背すじを伸ばしてもアゴが上がると重心も上がる。スイング中に伸び上がりやすくなってしまう

アゴが上がると重心も上がってミスの原因になるので要注意！

ボールを下目づかいで見ないようにアゴを少し引く。重心が下がると前傾角をキープし続けられる

インパクトも球筋もブレるときは

スイングプレーンよりもシャフトの向きをチェック！

好調選手はみんなシャフトが立っている

球筋が右にも左にも曲がるときはプレーンやインパクトを気にしがち。でも、そういうときはシャフトの向きをチェックしてください。ツアーでも調子が悪い選手は、みんなシャフトが寝ていて、その反対に調子がいい選手は、ダウンスイングでもフォローでもシャフトが必ず立っています。

カラダの両サイドでシャフトを立てるように振るのは、アイアンではとくに大事なポイントなのです。球筋がすぐに安定しますよ。

バックスイング、ダウンスイング、フォローのときにシャフトを立てる意識をもってスイング。各ポジションとも親指の腹でクラブの重みを感じるようにするとシャフトが立つ。シャフトが寝てしまうと重みが感じられない

ダウンスイング

シャフトが寝ると、ヘッドを下ろす位置やフェースの返り方にバラつきが出やすい。立てて下ろすと正しい軌道や入射角で打てるうえに安定感も高くなる

フォロースルー

クラブの軌道が悪かったりカラダのバランスが崩れていると、フォローサイドでシャフトが立たない。シャフトを立てるように振りきることを意識すると、軌道やインパクトがよくなる

方向性アップはフェースの向きから！

素早くスクエアをつくると大きく曲がらない

インパクトゾーンはフェースをターンさせずに（×）、スクエアフェースで振り続ける（○）のが藤本流

スクエアなフェース向きを長くキープする

方向性を上げるため、わたしは振り下ろしたら右足の前にヘッドがくる前にフェースをスクエアにしています。そしてスクエアな向きを、左足をすぎたところまでキープ。

インパクトゾーンで素早くスクエアフェースをつくり、その向きでボールを打つようにしたら、少しくらい軌道がズレても、大きく曲がらなくなりました。

フェースは左手甲の向きでイメージする

フェースをスクエアにするコツは左手甲の向き。左手甲をフェースに見立て、ここが目標を向いていれば、フェースは自然とスクエアな向きになる

スクエアフェースはアプローチで養う

スクエアフェースは、アプローチのような小さい振り幅から意識していくと上手に身につく

●ふじもと・あさこ／1990年5月28日生まれ。164cm。距離感、方向性ともに抜群の安定感を誇るショットメーカー。岡山県出身。フリー。

球筋の打ち分けは

スタンスの向きとボール位置だけ変えればOK

球筋を打ち分けて ナイスオンの確率を上げる

状況に合わせて9種類の球筋を打ち分けると、ナイスオンの確率が上がります。球筋は左の写真のように、スタンスとボール位置を変えて打ち分けます。

　このセットアップのアレンジポイントは、基本（中弾道のストレート）から、ボールを動かさずに「自分が動くこと」。ボールは真ん中、スタンスはスクエアの基本から、足の位置を動かして意図したボールを打つためのセットアップに変える。あとはスタンス向きに沿って振るだけで、簡単に打ち分けられます。

9種類の球筋を状況に合わせて打ち分けます

●こうだ・よしみ／1983年4月1日生まれ。164cm。ゴルフは18歳からスタートと遅めながら、ツアー優勝を果たしている努力家。栃木県出身。フリー。

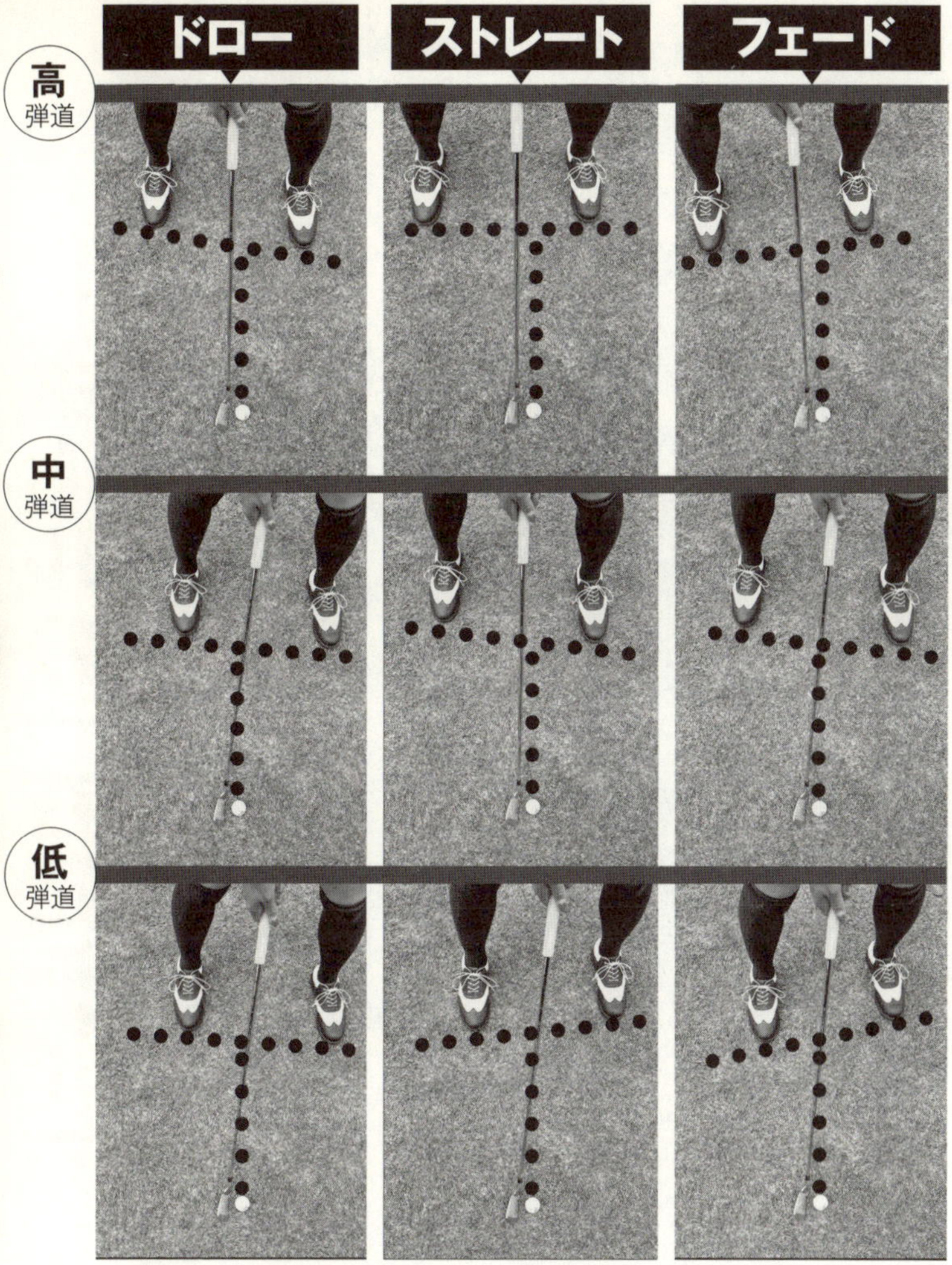
ドロー
ストレート
フェード
高
弾道
中
弾道
低
弾道

**スタンス向きをドローはクローズ、
フェードはオープンにする。
弾道の高さは、高い球は左へ、低い球は右に
ボール位置を寄せるセットアップの違いで
打ち分けるのが一番シンプルで確実**

軽いダウンブローの練習法

ボールの「右にティ」「左手前にボール」を置いて打つと軽いダウンブローがマスターできる

右のティと左手前のボールに当てないように打つことでダウンブローのヘッド軌道が身につく

●さくらい・ゆき／1988年11月15日生まれ。163cm。シード権獲得の期待がかかる美人プロ。京都府出身。スターツ所属。

ヘッド軌道は、右のティに触れずに少しインサイドの上から入り、
左手前のボールに当たらないように真っすぐ抜けていく

ヘッドが下や上から入るのを防ぐ

アイアンのダウンブローは、インサイドから振り下ろし、ターフを薄く長く削ります。この軌道は、ボールの「右にティ」「左手前にボール」を置いて打つドリルでマスターしてください。

右に置いたティはヘッドをインサイドから入れようしたときに、ボールの下から入ってしまうのを防ぎ、左手前に置いたボールは、外から入りすぎて深く突き刺さるのを防ぐ効果があります。

下半身を先行させるテクニック！

上手にできない〝腰をきる〟は右足で地面を踏めば超カンタン

右足で「ギュッ」と踏むと腰だけを「キュッ」と回せます
×
キュッ！
ギュッ！

「腰をきろうとすると上体も一緒に回ってしまう。目標方向に突っ込んでしまう。それが原因でミスヒット……。そんな人のためのレッスンです」（中村）

右足の使い方は「蹴る」動きに似ているが、蹴ろうとするとカラダが回りすぎてしまう。「地面に向かって押す」イメージで振ると、腰を先行させて回せる

切り返しで腰を回しても体重を一気に左足に移さない

アイアンショットは、腰のキレでキレッキレのショットを打ちましょう。これはシャレではありません！　切り返しで腰をきりながら振り下ろすと、力が増すだけでなく、カラダやフェースの向き、入射角、タイミングもよくなるので飛距離も方向性もアゲアゲです♪

でも、腰をきるのはむずかしいですよねー。腰の切り方は「切り返しで左に踏み込みながら腰だけを左に回していく」とよくいわれますが、そのとおりにやっても全然うまくできない！　そんな人は「右足で地面を押す」イメージをもってください。

体重を左足に一気に移さず、右足の下へも押すようにかけていく。すると、腰をきる動きにつられてカラダ全体が回ってしまったり、目標方向に突っ込まなくなるので、腰だけをきちんと先行させて回していけます。

練習場で鏡をチェックするときは

シャフトの向きを要確認！

バックスイングでもダウンでもシャフトが寝ている（×）。シャフトは必ず立てて振る（○）

シャフトを正しく立てたときに、手や手首はどの位置でどんな向きや角度になっているかをチェックする

鏡に映った姿は自分の目線では気づかない

鏡のある練習場に行ったら、それを利用しない手はありません。鏡はスイングチェックに役立つ最高のアイテム。スイングの欠点は、自分の目線で見てもなかなか気づきませんが、鏡に映った姿やカタチで見るととてもよくわかるのです。

鏡を使ったスイングチェックは、わたしの場合はシャフトの向き。アイアンはとくにシャフトを立てて振らなくてはいけないので、シャフトが寝ているのは絶対にNGです。

シャフトをきちんと立てたカタチをつくれば、手の位置や向きや手首の角度はどこが正しいのかもわかります。

調子が悪いときの練習法

5Iの「看板直撃ショット」でスイングを修正

ラインを出してクラブとカラダの動きをよくする

アイアンの調子が悪くなったら、5番アイアンで50ヤードの看板にボールを直接当てる練習を繰り返します。

この練習は、小さなスイングでボールを正確にヒットするのが目的。ヘッドの入り方が少しでも悪いと、ボールをライナーで飛ばすことができませんし、フェース向きが悪いと方向がズレてしまいます。クラブだけでなく、カラダの動きもよくなりますよ。

●いのうえ・のぞみ／1988年11月1日生まれ。160m。名門・沖学園ゴルフ部出身の期待の美人プロ。初。福岡県出身。フリー。

振り幅は腰の高さ。まずは小さい動きでクラブとカラダの動きを正す。ボールを正確にミートしないと看板には当たらない

ミスを減らす練習法

ミスしたらクロスハンド素振りで手元が浮くのを防ぐ

クロスハンドで握ったら
手を無理に高く上げずに、
手元を下げて振る感覚を養う

手元が浮くのは さまざまなミスの元

ダウンスイングからインパクトにかけて手元が浮いてしまうと、さまざまなミスが出ます。そんなときは、クロスハンドで素振りをしてください。クロスハンドは、手元が低い位置をキープした状態を自然につくれます。

このときのカラダの動き方やクラブの下り方を素振りでカラダによく覚えさせ、その感覚と同じように振るとインパクトがよくなります。

手元が浮くとシャフトが寝てしまう。スライス、フック、ダフリにシャンクとさまざまなミスが出る大きな原因になる

ダフリとトップの原因はカラダが左右に倒れること！

カラダを包む〝筒〟を壊さずに振ると軸が傾かない

カラダのまわりにイメージした筒のなかで回転すると、垂直な軸をキープしたまま振れるので構えた位置にヘッドを戻して打てる

カラダが倒れるとダフリもトップも両方出てしまう

ダフリ・トップは、軸が右や左に傾いてしまうのが大きな原因です。右サイドが下がって軸が右に傾くと、ヘッドがボールの手前に落ちてダフる。上がり際に当たればトップも出ます。カラダが左に突っ込んで軸が左に傾いても、ヘッドが鋭角に入りすぎてボールの手前に刺さるようなダフリが出たり、ボールの頭をたたくトップが出てしまいます。

軸の傾きをキープし続けるコツは、カラダのまわりに筒をイメージすること。そして、その筒を壊さずに回転しましょう。スイング中、とくにダウンスイングでカラダが筒からはみ出てしまうと軸は傾いてしまいますが、筒の中できれいに回ればダフリ・トップが防げます。

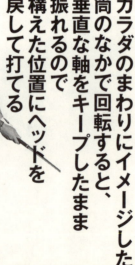

カラダのまわりに
筒をイメージ
しましょう

右サイドが下がる（左）、上体が突っ込む（右）。ダウンスイングでカラダのまわりの筒を壊してしまうことが、ダフリ・トップの原因

ダフリの原因、ヘッドが早く落ちてしまう克服法

左腰をきって手元を引っぱるとタメがつくれる

左腰をきると手首の角度が自然にキープできる

ダフリは、ダウンスイングでヘッドが早く落ちると出やすくなります。手首のリリースを遅らせて、タメをつくって振り下ろしましょう。でも、手首をほどかず角度をキープしようとするのはオススメできません。手に力が入ってしまうので、クラブが減速して飛ばなかったり、ミスヒットになるからです。

タメを自然につくるポイントは、左腰にあります。トップまで振り上げたら、左腰をきるだけの動きで切り返すと手元が自然に下がるので、意識しなくても手首の角度がほどけません。手元を左腰で引っぱるイメージをもつと、うまくできますよ。

ヘッドが早く落ちてしまうと
ダフリやすい……
SRIXON
SRIXON

切り返しは左腰からスタート。左腰と手元がつながっていて、左腰のリードで手元を引っぱるイメージで振り下ろすとタメが自然にできる

トップの原因、スイングが詰まって伸び上がる克服法

頭を残して ボールの先の芝をとっていく

頭を残せば腕が自然に伸びて しっかりインパクトできる

トップを怖がってヘッドをボールの手前に入れようとすると、反射的にダフるのを嫌がってカラダが伸び上がってしまいやすい。こうなると余計にトップしてしまいます。トップを防ぐコツは、じつは逆で、ボールの手前ではなく先の芝をとるイメージをもつことが大事です。

ポイントは頭。頭を残してボールの先の芝をとろうとすると、上体が突っ込んだり伸び上がったりしません。頭を残すと頭とクラブが引っぱり合うカタチになるので、腕が自然に伸びます。ヘッドがボールにきちんと届くので、実際のインパクトは軽いダウンブローになって、ボールの真下にヘッドをきちんと入れられます。

スイングが詰まって伸び上がるとトップしやすい……

頭を残して振れば軽いダウンブローになる。ボールの先の芝を削るイメージで打っても、実際のインパクトはボールの真下にヘッドが入っていく

トップを怖がらず
ボールの先に
ヘッドを入れます

トップを防ごうとすると ボールの手前にヘッドを入れたくなるが、 ボールの先の芝をとるイメージのほうが 100点満点のインパクトがつくれる

ライン出しのイメージは傾斜地でつくる！

足場が不安定だと思うと バランスを崩さず振れる

傾斜地からのショット

足元が不安定なので、バランスを崩さずミート重視で振る。ヘッドも目標に向かって真っすぐ出していく

平地からのショット

平地でも傾斜地から打つイメージで振る。バランスがキープできるので、ライン出しに不可欠な「クラブコントロール」がうまくできる

○

クラブをコントロールして、フェース向きをスクエアにしてヘッドを目標に向かって出していく

×

傾斜地は大振りしてカラダ全体が動きすぎてしまうと、スイングがブレてミスヒットしてしまう

大振りや カラダのブレを 自然に防げる

短いアイアンでのショットは、ラインを出して果敢にピンを狙いましょう。ライン出しをするときは、平地でも傾斜地から打つイメージをもつことをオススメします。

傾斜地は足場が不安定なので、大振りしたりカラダを動かしすぎてしまうと、バランスが崩れてミスヒットしてしまいます。傾斜地から打つつもりで、その感覚を利用。足元を安定させて下半身はあまり大きく動かさず、バランスが崩れない範囲で上体をしっかり回して打つ。こうすると、ボールを正確にミートできるので、ピンに向かって真っすぐ打ち出せます。

短い距離を確実に乗せる！

しっかり回転するけど強打しない。トップは普通、フィニッシュだけコンパクト！

シャフトがカラダに
巻きつくまで振りきると
大きく曲がりやすくなる（左）。
コンパクトな
フィニッシュをとろう（右）

ドライバー
FW・UT
アイアン
アプローチ
バンカー
パッティング

トップは左肩を深く入れてカラダを十分に捻転させる。トップが浅いとゆるんだりカラダが開いてしまう

フィニッシュだけ抑えるとゆるまず打てる

ボールを強くヒットすると、ほんの少し軌道やフェース向きのズレで大きく曲がってしまいます。フルスイングをせずに8割程度に抑えて打ちますが、注意するのはトップの大きさはいつもと一緒にすること。トップを小さくしようとすると捻転が浅くなって、ゆるんだりカラダが開いてしまうからです。

抑えるポイントはフィニッシュです。最後まで振りきらず、両手は頭のヨコで止めてシャフトを立てる。このコンパクトなフィニッシュは、ヘッドを長く目標に出す動きにもつながるので、ボールをピンに運ぶように打てます。

番手なりの飛距離を出すコツ

意識しすぎるとリズムが乱れるから コンパクトは〝だいたい〟でOK！

トップやフィニッシュの
大きさを気にしすぎると
スイングが乱れることもある。
普段どおりにスムーズに振れる
リズムのなかで
コンパクトにする

トップの高さを
気にしすぎては
いけません！

スイング中、トップの位置は視界に入らないので確認できない。気にしすぎるとリズムが乱れる原因になることも

CHERRY
PUTT

きっちり決めすぎると ぎこちなくなる

ショートアイアンは大振りせずに、いつもよりスイングをコンパクトする。でも、コンパクトにするとミスが出てしまう人は、無理に振り幅を小さくしようとせずに「だいたい」にしてください。

コンパクトにする意識は必要ですが、たとえば「トップは右耳のヨコ」「いつもの振り幅の8割の大きさ」と具体的に決めてしまうと、そこに意識が集中してしまうことがあります。すると、肝心なスイング全体のリズムや切り返すタイミングが乱れてしまう。思いあたる人は、あまりきちんと決めすぎずアバウトなコンパクトにして、ぎこちないスイングにならないように注意してください。

コントロールショットで方向性アップ！

左手は右手より前（目標側）、右手のひらは目標を向ける

両手がボールより左にくるハンドファーストで構えてヒット。左手が確実に右手よりも前（目標側）にあるという意識をもつ。右手が前に出るのはミスヒットの原因になる

インパクトで右手のひらが目標を向けば、フェースの向きもスクエアになる。カラダの回転にそって左を向いていくのが自然（○）。手首を返してつかまえようとすると、ロフトが寝ているショートアイアンはひっかけてしまう（×）

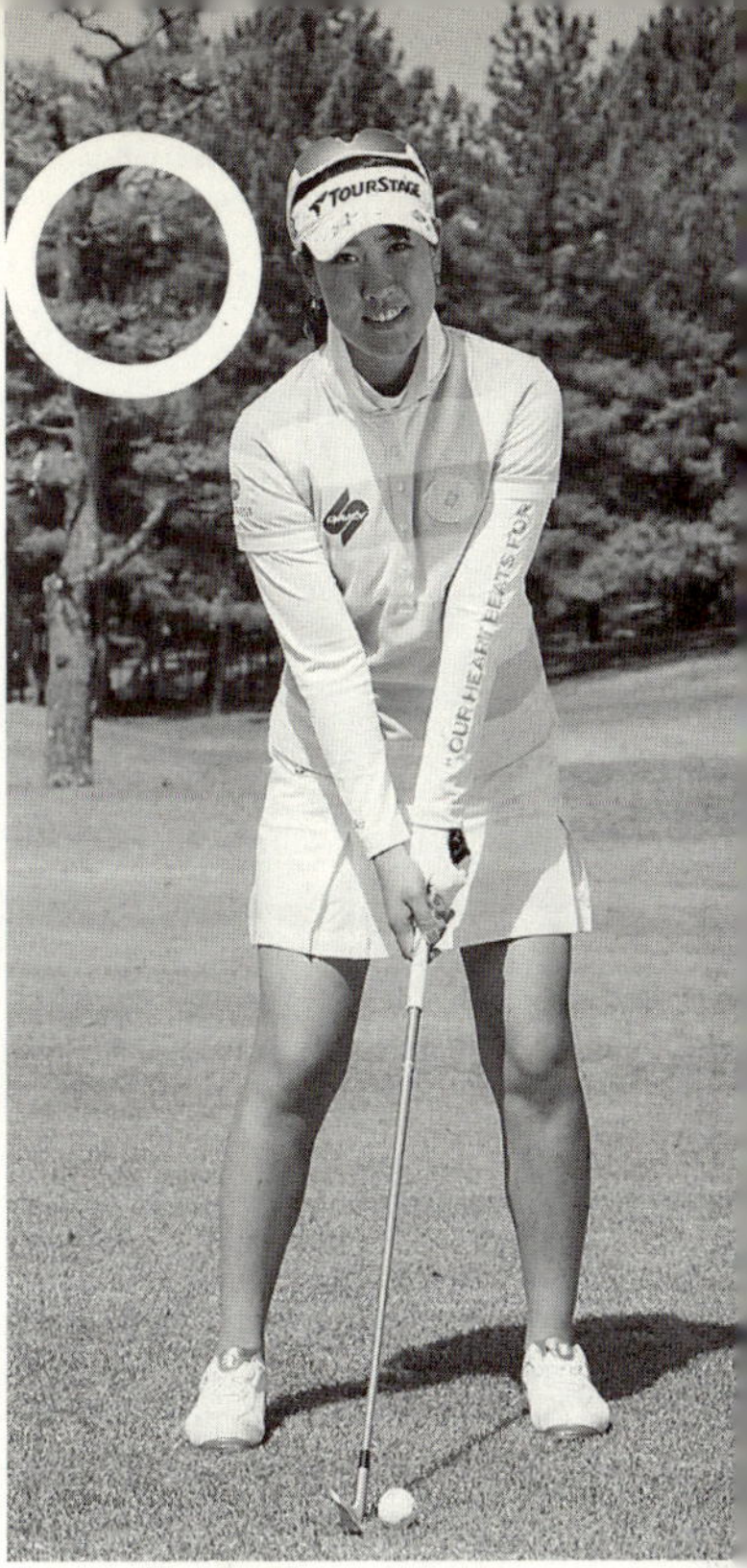

右手のひらでフェースの向きをコントロールする

短い距離は、アイアンの基本を守ることが大切です。大事な基本とは、ハンドファーストで打つことです。ところが「ピンが近いからボールを高く上げて止める！」と思うと、アドレスやインパクトで手がヘッドよりも右にきてしまいます。こうなると、トップやショートのミスが出るので、両手は必ずヘッドより左、感覚的には、左手全体が右手より前（目標側）にあるカタチをつくってください。

また、「ボールをつかまえる！」と思うのも、ショートアイアンにありがちなヒッカケが出てしまうのでNG。方向性をとくに大事にしたい短い距離では、インパクトで手首を返さずに右手のひらを目標に向けてください。右手のひらが目標を向けば、フェースも目標に向くので、ラインを出したコントロールショットが打てますよ。

右手のひらでラインを出す

●ふくだ・まみ／1992年6月15日生まれ。168cm。シード選手として定着。福岡県出身。えん所属。

ナイスショットのための準備

具体的に弾道をイメージしてそれに合ったリズムを素振りで確認

目標方向に高いボールで超すことができない木があるときは、ボールを意図的に曲げるショットでスコアメイクしよう

必要以上に曲げる準備や動きをしない

ボールを意図的に曲げるときの成功の秘けつは、アドレスにあります。カラダの向きは、スタンスも肩も目標ではなく、打ち出したい方向（フックなら右、スライスなら左）を向ける。ただし、フェースだけは必ず目標（ボールが落ちる位置）を向けます。

これで曲げる準備はOK。フェースを必要以上に開いたり閉じたり、スイング軌道を無理矢理変えるのはミスの元。あとは、スタンスの向きに沿ってスイングするだけでいいんです。

●きただ・るい／1981年12月25日生まれ。160cm。ミートのうまさに定評あり。福岡県出身。フリー。

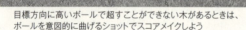

スライスを打つとき

**フェースは目標に向けたまま、
スタンスだけをオープンにする（○）。
フェースだけを開くのはNG（×）**

目標に対してスクエアな構えからカットに打つと、スイングがつまってミスヒットする（×）。
スタンスの向きなりに振る自然なカット軌道でスライスを打つ（○）

トラブル脱出（ディボット跡）

目土跡はボールの先を狙って低い球を打つ

ボールの先のターフをとるように打ち込む

ディボット跡はボールを上から打ち込み、低い弾道で飛ばします。ただし、目土がしてあるととくにむずかしいので、もうひと工夫が必要。

目土ありは、いわばミニバンカー。上から打ち込むだけだと砂を「パスッ」と打ってしまい極端に飛ばなくなります。ヘッドがボールの手前に入らないように、先のターフをとるイメージでインパクトしてください

目土の上のボールはダフると飛ばなくなるので、ボールの先を狙ってクリーンヒットする

目土ありもなしも低い弾道をイメージ。コンパクトなスイングでクリーンヒットしてライナーを打つ

一見やさしそうに見えて むずかしいのは「目土あり」のほうだ

前傾が変わりやすい傾斜地の攻略法！

左足上がり・下がりは一歩引いて骨盤を真っすぐにする

スタンスの向きを少し変えればきちんと打てる

傾斜地は、前傾がとくに変わりやすい場所です。多くのアマチュアは、ツマ先上がり・下がりはバランス感覚が大きく変わるので打ち方に気をつけようとしますが、左足上がり・下がりには無頓着。いつもと同じようにスイングしてミスするケースをよく見かけます。

左足上がり・下がりは少しの工夫だけで、前傾を簡単にキープできます。軽い傾斜でもあまく見ずに、左で紹介しているスタンスの向きのアレンジで骨盤の傾きを直すと、確実にミートできますよ。

腰をレベルにターンさせれば前傾は崩れない。左足を引いておくと、左サイドにクラブを振り抜くスペースもできる

右足を引いたことで右サイドにクラブを振るスペースができるので、突っ込んだり伸び上がったりせずに打てる

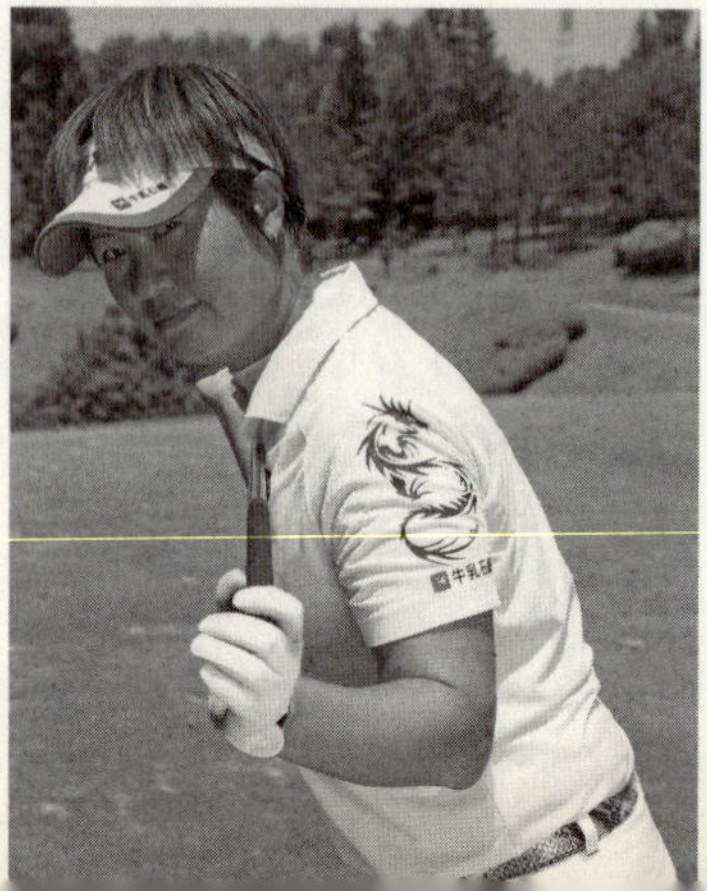

左足上がりは左足を引いて**オープンスタンス**

左足が高くなると骨盤の左側が高くなり、骨盤のラインが傾く。これがあらゆるミスを生み出す原因になる

左足を一歩引いてオープンスタンスにする。足元が平らな状態に近づき、骨盤の傾きもなくなるので腰をレベルに回せる

左足下がりは右足を引いて**クローズスタンス**

左足下がりは骨盤が左に傾く。カラダが突っ込んで沈んだり、ヘッドが急激に上から入るミスを起こしやすい

右足を一歩引くと骨盤の傾きが直る。傾斜がきついときは右足をもっと引いてもOK。骨盤を傾けないことが大事

●ふくだ・ゆうこ／1981年11月11日生まれ。168cm。女子ツアー屈指の理論派。鹿児島県出身。関西軽井沢GC所属。

ツマ先下がりの攻略法〝狙いはスライス〟

両ヒザを深く曲げたら下半身を固定して上半身だけで打つ

意図的なカット軌道でスライスで乗せる

傾斜のなかで、一番むずかしいのはツマ先下がり。急傾斜になるほどミスが多発します。ツマ先下がりはカラダの位置が高く、ボールの位置が低いので起こりがちなミスはトップ。両ヒザを深く曲げて、ヘッドがボールまできちんと届く低い姿勢をとってください。

足場が不安定なので下半身は完全固定。上半身だけを回転させて打ちます。このとき、スイング軌道はカット打ちを意識してください。ツマ先下がりはボールの手前（カラダ側）が高いので、ヘッドをインから入れにくい。ヘッドを外から入れてスライスでグリーンを狙うと、ナイスオンできますよ。

両ヒザを深く曲げて、ヘッドがきちんとボールまで届く低い姿勢をとる。有村の目線はグリーンより左を向いている

ボールの手前が高いので、インからヘッドを入れづらい状況。カット軌道で外からヘッドを入れるのがうまくミートするコツ。ボールはスライスするので、グリーンの左サイドを狙って打つ

注意 1

グリーンの左を向いたら両ヒザを深く曲げて腰を落とす。頭の高さが変わると大きなミスになるので、下半身をしっかり固定して上下動を防ぐ

注意 2

下半身は動かさず、上半身だけを回転させて打つ。アウトサイド・インの軌道を意識して振るが手打ちはNG。手先だけで振ると打点がズレる

ラフはまずはライを判断!

浮いているボールは力を抜いて〝サッと振る〟

ライの見極めがファーストステップです!

リキまずやわらかく飛ばすのがナイスオンの秘けつ

ラフからのアイアンショットは、ライの見極めが大切です。グリーンを狙えるはボールが浮いているときだけで、沈んでいるときは無理に狙わず、次打勝負の戦略を立てましょう。浮いているときにグリーンオンの成功率を上げる秘けつは、リキまず打つことです。「ラフは抵抗がかかる」と思い、力を入れて打つのはミスヒットや飛びすぎっが起こる大きな原因になります。「ガツッ」とインパクトせずに「サッ」と振って、やわらかく飛ばすイメージで打ってください。

力で飛ばさず、サッと振ってボールをヨコからミートする

沈んでいるときは脱出優先。コックを使ってヘッドを鋭角に上げ、ボールを上から打ち込んでいく

トラブル脱出法！ 林からの脱出は

コンパクトに構えたらお腹を下に向けたまま振る

アドレス

広く遠くに構えると大振りしてしまう（×）ので、両足をそろえてボールの近くに立つ（○）

スイング

お腹を下に向けたまま フォローを低く出す

コンパクトに構えれば スイングも自然と コンパクトになる

林からの脱出は大振り厳禁。ボールを正確にヒットするためにスイングをコンパクトにしますが、それにはアドレスもコンパクトにすることが大切です。必ずスタンスを狭くして、ボールの近くに立ってください。

上の枝に当たらないように低い弾道を打つので、ミドルアイアンを使います。スイングは終始、お腹を下に向けたまま振る。お腹が上を向くと、フェースが開いて右に飛んだり、ダフったりしてしまいます。

アプローチ

アプローチがうまくなると
ショットがよくなる！
ゴルフが楽になる！

わたしはウエッジが、
１番むずかしいクラブだと思っています。
なぜなら、１００ヤードからときには５ヤードまで、
いろいろな距離を
打ち分けなくてはいけないクラブだからです。
では、そのむずかしい距離感をどうやってつかむのか。
プロはたくさんの練習を積み重ね、
その練習のなかで「振り幅」
「インパクトの圧力」「高さの管理」をしっかり把握し、
何度も再現することで距離感を養います。
そして、アプローチがよくなると、
どんどんほかのショットもよくなる。
グリーンをはずしても寄せられるという自信がもてると、
ショットを楽に打たせてくれるのです。
スコアに及ぼすショートゲームの割合は約50%。
プロや上級者がショートゲームの練習に時間を裂く理由は、
明白なのです。（石井 忍）

Coca-Cola
マスターズGC

寄せの基本をマスターする

ピッチ&ランは拇指球に乗ってカラダを安定させる

体重配分は左右より前後が大事です

小さく振るけどブレない構えをつくる

どんなアプローチでも、正しく構えることはとても重要です。わたしがアドレスで気をつけているのは体重配分で、小さなスイングでもカラダが安定するように、両足とも必ず拇指球に体重を乗せています。

スイングで大切なのは、ピッチ&ランは右手首の角度を変えずに振ること。始動のときにフォワードプレス（テークバックに入る前に、手と腕を少し左に動かす動作）を入れて、右手首の角度を強調します。このカタチを崩さずに振り続けるのがミスヒットを防ぐコツです。

ポイント 1 アドレス

両足とも体重を拇指球に乗せる

堀の場合、左右の体重配分は右足体重にならなければOK。一番大切なのはカカト体重にならないことで、カラダがブレない拇指球に体重を乗せて構える

両足とも拇指球に体重を乗せて構えたら、スイング中も前後に移らないようにする

ポイント 2 始動

フォワードプレスを入れるとリズムもよくなる

フォワードプレスを入れてからテークバックすると、クラブをタイミングよく上げられるので、スイングのリズムもよくなる

テークバック　フォワードアドレス

フォワードプレスは「インパクトのカタチを事前につくり、このカタチでヒットする」という意図もある

ポイント 3 スイング

右手首の角度をキープしてヘッドを早く落とさない

スイング中は右手首の角度を変えないことが鉄則。アドレスできちんと角度をつくったら、フォローまで変えない意識をもつとしっかりキープできる

右手首の角度が伸びるとヘッドが早く落ちてダフる。フォローで伸びるとトップも出る

失敗しないシンプルな寄せ方

フィニッシュはカラダを回して腕とヘッドをカラダの正面に置く

○

腕もヘッドも
カラダの正面にきちんと収まる
正しいフィニッシュの
意識が大切

正しいフィニッシュを意識して振ればミスヒットしない

　アプローチはできるだけカンタンに寄せられる方法をイメージして、シンプルに打つのが成功の秘けつです。シンプルなアプローチとは、ロフトどおりにボールを上げて、適度にコロがるピッチ&ランのこと。アプローチが苦手な人は必要以上にボールを上げようとしがちです。上げる意識が強い人は、フォローで左ヒジが引けるので、両腕やクラブがカラダからはずれてしまっています。

　カラダの回転をメインにクラブを振れば、腕はカラダの幅からはずれず、ヘッドは腰の高さでカラダの真正面にきます。つまり、このカタチをつくるつもりで振れば、手だけで振ったり上げようとする動きがなるのです。

●はやし・あやか／1987年3月22日生まれ。148cm。妹は歌手の林明日香。弟もプロゴルファー。大阪府出身。フリー。

上げようとする動きが入ると、左ヒジが引ける。この動きがダフリやトップの原因になる

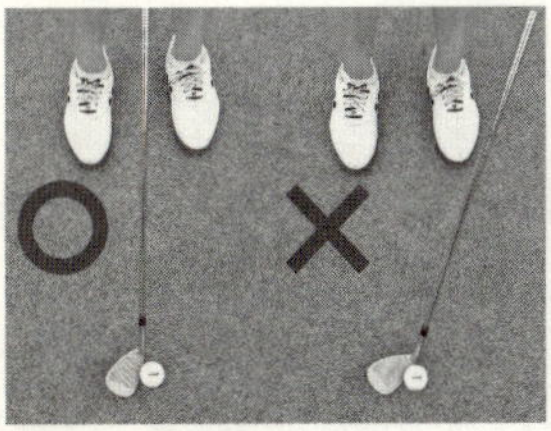

高く上げるときもシンプル。フェースを開くだけ

ボールを高く上げないと寄らない状況では、フェースを開くだけのシンプルなアレンジで打ち方は同じ。開くと同時に手を目標に出してシャフトを斜めにしてしまうと、ミスヒットしやすい

カラダの回転だけでクラブを振る。手先を使って振らないので、構えた位置にヘッドを戻してインパクトできる

確実に寄せるプロのコロがしを伝授！

ロフトを立てたときは〝ピンより右狙い〟を忘れずに

スタンスはオープン
ボール位置は右寄りです

正面から見たときに、フェースが右を向いているようにセットすればOK

SRIXON
3

大きく左に飛んでしまう向きのミスに注意！

グリーンエッジからピンが近いアプローチは、コロがしにトライしてください。ピンが近いからボールを高く上げて止めようとしたくなりますが、上げるアプローチはミスヒットしやすいだけでなく、距離感の調節もむずかしいので失敗することが多々あります。

コロがしの寄せは、ハンドファーストで構えてロフトを立てますが、こうするとフェースは左を向きます。小さな振り幅でコロがすときでもボールはつかまえたいので、左向きのフェースのままだと大きく左にはずれやすいことに注意しましょう。ロフトを立てたときは必ず「狙いはピンより少し右にする」を忘れないでください。

コロがそうとして
フェースを立てると
フェースは左を向く。
ピンより右を狙えば
きちんと
ピン方向に
飛ばせる

インパクトでの両手の位置は、アドレス時より前に出してハンドファーストを強める。フェースローテーションを使ってつかまえて打つのでフェースは返るが、あらかじめピンより右を向けておけば左に飛ばないようになる

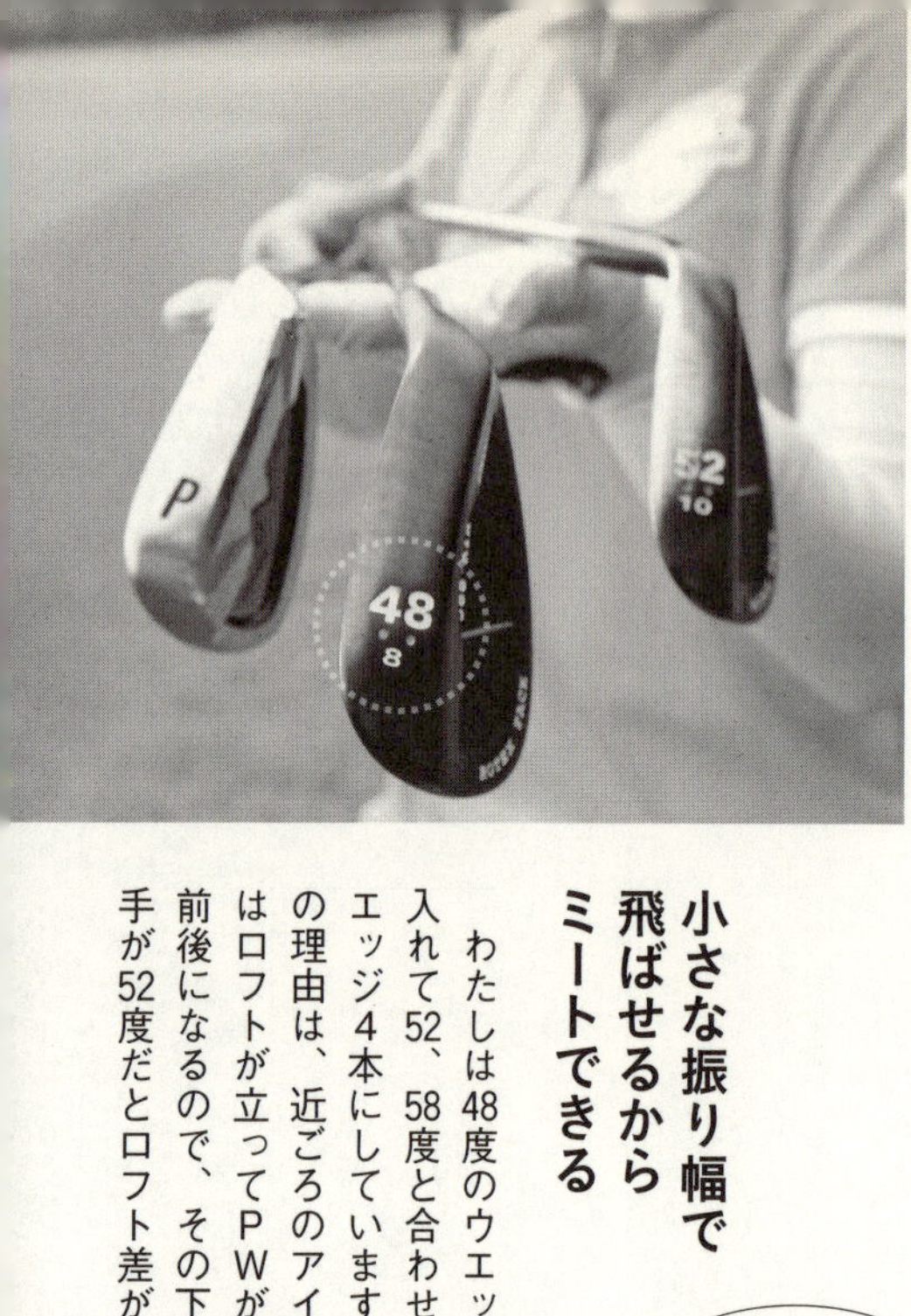

コロがし上手になる！

ランニングアプローチは使い勝手がいい48度のウエッジがオススメ！

小さな振り幅で飛ばせるからミートできる

わたしは48度のウエッジを入れて52、58度と合わせてウエッジ4本にしています。その理由は、近ごろのアイアンはロフトが立ってPWが45度前後になるので、その下の番手が52度だとロフト差が大き

デカヘッドのアイアンセットはPWとAWとの間に48度を入れるといいですよ♪

●たぐち・はるな／1993年11月19日生まれ。158cm。古閑美保のはとこ（祖母どうしが姉妹）。熊本県出身。フリー。

ヘッドが大きいので芝への抵抗が大きく抜けが悪い。ネックに芝が絡まりヘッドが返ってしまうので方向性も悪くなる

小ぶりで抜けがいいので、ラフでもヘッドがきれいに抜けていく。目標方向に向けてヘッドを振っていける

くなって番手間の距離が開くから。48度はちょうど100ヤードが打てる番手になりますが、わたし以外にも48度で100ヤードを打つ女子プロは結構多いんですよ。

この48度は、ランニングアプローチでも大活躍。とくにラフから有効です。アイアンセットのPWやショートアイアンはヘッドが大きいので、抜けるイメージが出ないし、実際に抜けがすごく悪くなる。48度のウエッジは小ぶりでシャープなので、ラフでもきれいに抜けてくれます。

スイングも52度よりも小さな振り幅で打てるので、ブレを抑えてきちんと芯に当てられます。

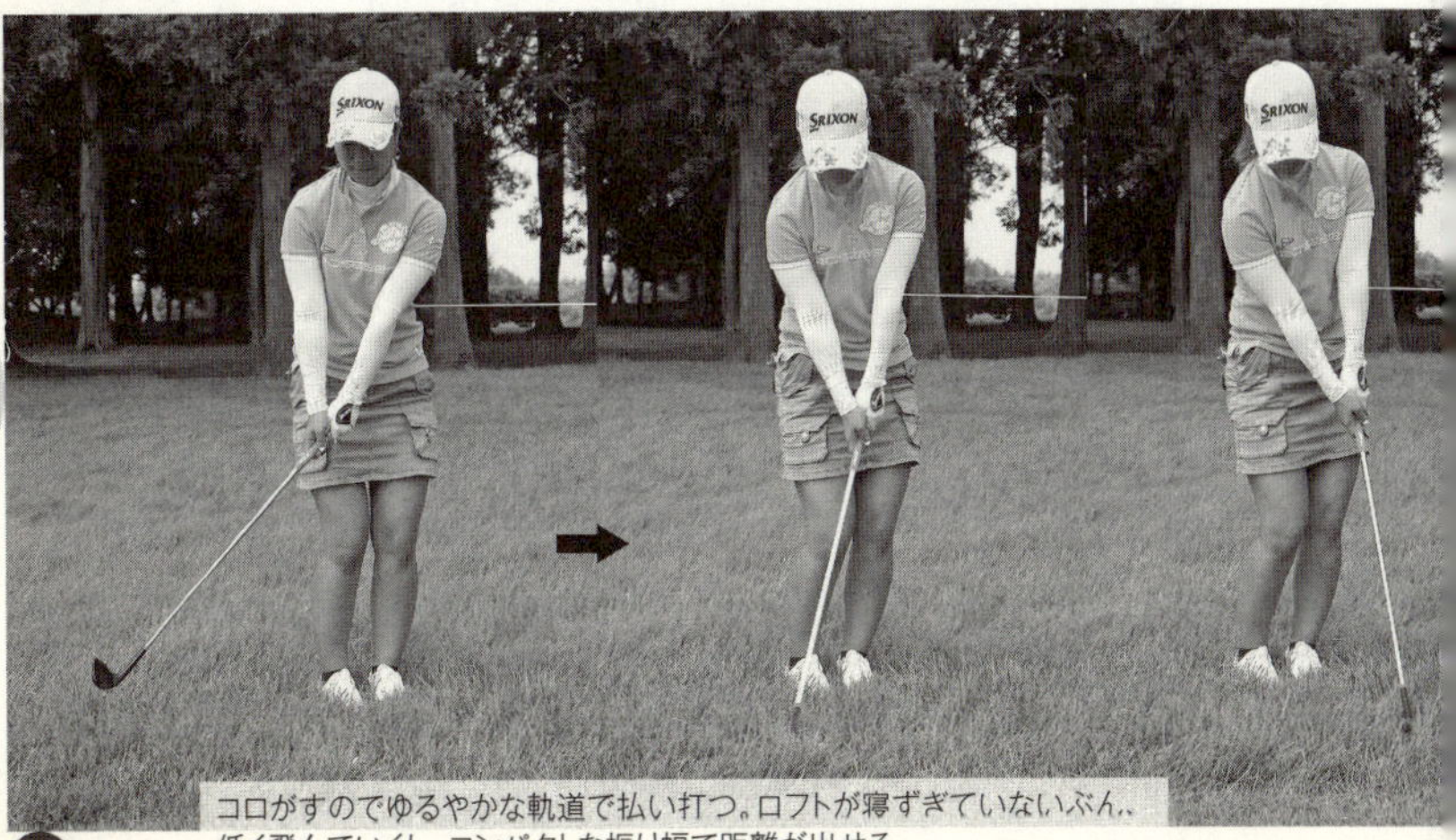

コロがすのでゆるやかな軌道で払い打つ。ロフトが寝すぎていないぶん、低く飛んでいくし、コンパクトな振り幅で距離が出せる

「トップもダフリも出る！」ときは……

インパクト後、目標を見る前にヘッドを見る

〇 フォローで一度ヘッドを見ると、ヘッドアップせずにカラダの回転で打てる

× ヘッドアップすると、カラダが伸び上がってのトップ、コックが早くほどけてのダフリと、どちらのミスも出てしまう

フォローでクラブヘッドを見てヘッドアップを防ぐ

アプローチは目標が近いため、ボールの行方が気になって顔を早く上げてしまいがちですが、ヘッドアップは禁物です。顔を上げて目標を見るのは、打ったあとの動きのことでインパクトには影響がないように思われますが、そうではありません。ヘッドアップするとインパクト前に、カラダが伸び上がったりコックが早くほどけてしまう。だ

打ったらクラブヘッドを見てから目標方向を見る。こうすると、ヘッドアップと手打ちの両方を一度に直せるので、インパクトの正確性が上がる

からトップもダフリも出るのです。

　ミスヒットを防ぐポイントはヘッドアップをしないことですが、ボールのあった位置をずっと見続けようとするのもよくありません。カラダの回転が止まって手打ちになりやすいので、これもミスヒットの原因になります。

　これらの悪い動きを直すには、打ったあとの顔の上げ方をひと工夫。インパクト後のフォローで一度クラブヘッドを見て、そのあとに目標方向や打球を見る2段モーションで顔を上げてください。フォローでクラブヘッドを見れば「急に顔を上げてしまう」と「顔を残しすぎてカラダの回転が止まってしまう」の両方が一度に直せます。

クリーンヒットしたいなら……

短い距離でもターフをとる

ターフをとるイメージをもつとボールを正確に打ち込める

短い距離でもターフをとる。これは30ヤード以内のアプローチを失敗しない、大きなポイントです。ターフをとるときはスイングに勢いをつけてボールを打ち込みますが、このふたつが結果的にボールのクリーンヒットにつながります。

スイングに勢いをつけるとインパクト前にカラダがゆるまなくなるので、狙ったところにヘッドが落とせます。正確性の高いゆるまないスイングで鋭角に振り下ろせば、ヘッドをボールの真下にきちんと入れることができるのです。

こうすればボールだけをクリーンにヒットしたあとに、その先のターフがとれる理想のインパクトのできあがり。トップやダフリを恐れずに、みなさんもボールの先のターフをとるイメージで打ってみてください。

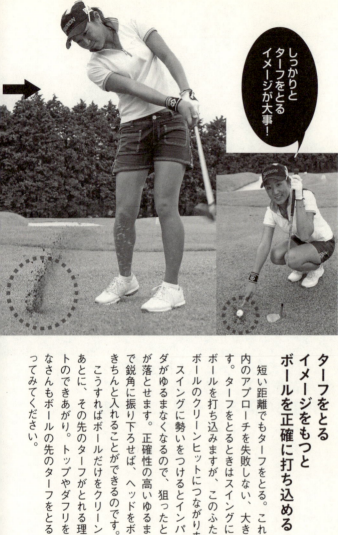

「小さいバックスイングから勢いをつける」というのがポイント。小さく鋭く振れば、勢いをつけても飛びすぎを防げる

鋭角な軌道で振り下ろしながら、ボールの真下にヘッドを潜り込ませればボールの先のターフがとれる

ボールを打ったあと、その先まで打ち抜くイメージでインパクトしよう

距離感をアップさせるテクニック！

距離を少し落としたいときはノーコックで振る

左右対称のカタチが大切

コックは、バックスイングで手首を折らないようにするだけでなく「フォローサイドでもノーコックのカタチをつくる」。左右対称のカタチを意識すると、自然とバックスイング中にコックを使わなくなる

マイナス5ヤード

手首はアドレス時につくった角度以上に折らない。ヘッドの高さが下がるぶん、いつもの振り幅で打っても距離が少し落ちる

連続写真は45ヤードのアプローチ。コックを使わないのでヘッドは低く動いていき、キャリーが出ないぶん飛距離が落ちる

ちょうどの距離

金田の場合、10ヤード刻みの距離感を打つときはコックを使って振る

コックを使わないぶん振り幅が小さくなる

アプローチの距離感は、10ヤード刻みでつくる人がほとんどだと思います。では、たとえば45ヤードのときはどうするか？

わたしはコックを使わずに50ヤードの距離感で打ちます。ノーコックで振るとヘッドの振り幅が少し小さくなる。これだけで飛距離は簡単に5ヤード落ちます。コックは手首を折り曲げないようにするのと同時に、シャフトを立てないイメージをもつとうまく距離感が出せます。

ピンの位置がエッジから近くても遠くても……

ボールの位置と番手だけ変えて振り方は変えない

エッジからピンが近いとき

ピンが近くてボールを上げたいと思っても、フォローですくい上げるような動きはダメ。ミスが出やすい

ボールは両足の真ん中やや左寄り。少し左足体重にしてフェースは少し開く

ピンが近いときも遠いときも、アドレスでは少し左足体重にしたほうが、安定してインパクトしやすい

●きしべ・ももこ／1993年12月25日生まれ。162cm。得意なクラブはウエッジとパター。福島県出身。ETGS所属。

エッジからピンが遠いとき

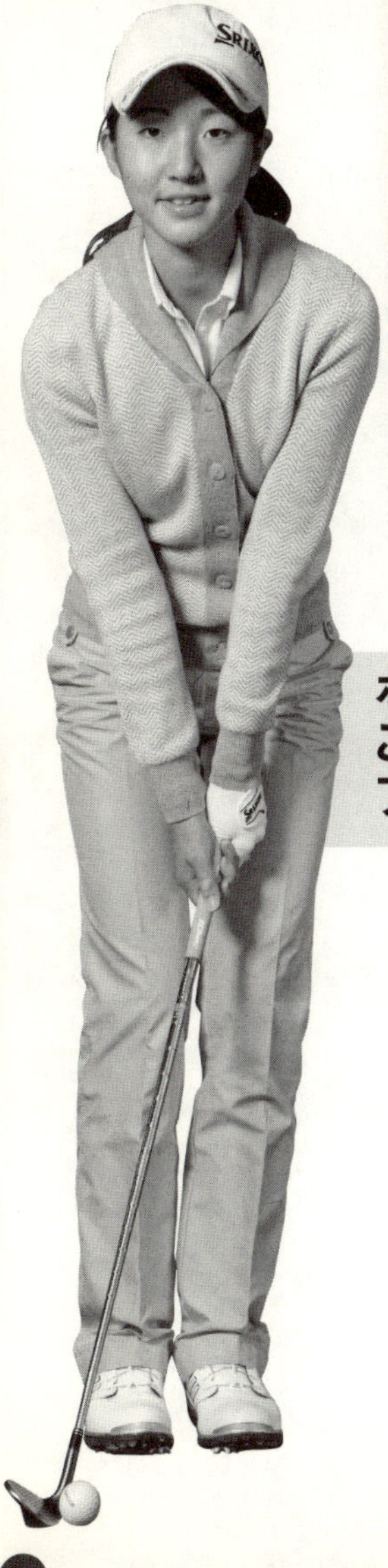

ロフトの大きいクラブほどむずかしいので、ウエッジではなく8番アイアンなどでもOK。岸辺は56度が得意

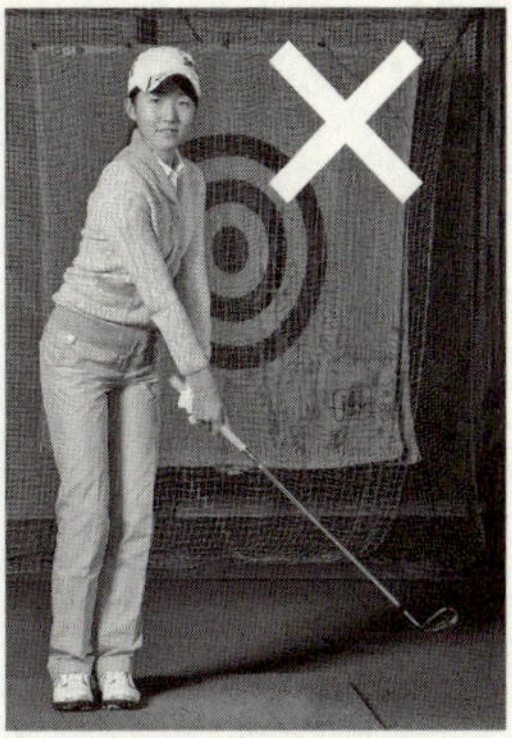

ピンが遠く、ボールをコロがしたいときに、フォローで送り出すような動きをする人がいるが、これも×

ボールは右足の少し外側。これも少し左足体重にしてフェースを自然に立てる

できるだけシンプルなアレンジで寄せる

　アプローチで大事なのは、なるべくシンプルにいつも同じスイングをすること、だと思います。だから、エッジからピンが近くてボールを少し上げたいときも、逆に、ピンが遠くてコロがして寄せたいときも、わたしはスイングを変えません。変えるのはボールの位置だけです。

　あとは、ロフトの大きいクラブ、たとえば58度や60度のウエッジはむずかしいので、クラブ選択に注意していただきたいです。

トラブル脱出！　左足下がりは……

高く上げるのは厳禁！落としどころを狙ってコロがす

きっちり寄せるのは
むずかしい状況。
落としどころまで
確実に飛ばすことを
優先させて
大きなミスを防ぐ

左サイドが下がる傾斜なりの構えをとったら、バックスイングもフォローも斜面に沿ってヘッドを低く動かす。手先で振ると軌道や打点がズレやすいので、クラブはカラダの回転で振ろう

ベタピン狙いよりも
“安全に乗せる”を
優先！

斜面に沿って払い打つのが安全確実な寄せ方

グリーンをオーバーすると、結構きつい左足下がりからのアプローチになることが多いですよね。こんなときに、もっとも安全確実なのはコロがしです。クラブはウエッジのままでOK。でも、高く上げるのは厳禁。落としどころを決めたら、そこに低い弾道でキャリーさせることに集中して打ってください。

スイングは、傾斜に沿って立ったら傾斜をなでるように払い打ちます。ボール手前が高いので、上から打ち込むと、トップしやすいので気をつけましょう。

トラブル脱出！　ラフからの寄せは……

ヘッドとボールの重心をそろえるイメージでヒット！

おヘソで重心の高さをコントロールして、ヘッドの重心をボールの芯に合わせる

ライに合わせて重心を上げ下げして芯でヒットする

　ラフからのアプローチは、ボールの重心（芯）とヘッドの重心（芯）をそろえるイメージで打ちます。こうすると、ボールが浮いているときはヘッドがボールの下をくぐってしまうのを防げ、ボールが沈んでいるときはヘッドを沈んだボールの下まで入れることができます。

　重心をコントロールするのはアドレスのとり方がポイントで、カラダの中心にあるおヘソの位置を意識してください。沈んだラフのときは、おヘソを下げて少し腰を落として構えると、ヘッドの重心がボールにそろいます。

●もろみざと・しのぶ／1986年7月16日生まれ。160cm。プロも羨むビューティフルスイングの持ち主。沖縄県出身。ダイキン工業所属。

ボールが沈んでいる

カラダの重心が下がるように
低く沈んだ構えをとり、
トップを防ぐ

ボールが浮いている

カラダの重心を高めにして、
ヘッドを浮かして
ダルマ落としになるのを防ぐ

激スピンで止めるテク！　腕はできるだけ脱力！

ヘッドを走らせ芝を〝シュパッ〟と弾き飛ばす

ヘッドを加速させて刃で芝を切るんです

腕の力を抜いて振ると振り幅が小さくても加速させられる

インパクトでスピードがないとスピン量は増えません。インパクトゾーンでは必ずヘッドを走らせてください。芝をなでるくらいではダメ。ボールの下の芝をＳＷの刃で切って、芝を「シュパッ」と飛ばすイメージで打つと、ヘッドが加速します。このイメージだと、ヘッドをボールの下にうまく入れられるのでクリーンヒットもできます。

ヘッドを走らせるには、腕の脱力感が大切です。腕に力が入るとスピードが上がらないので、アドレスの時点でなるべく力を抜き、スイング中もその脱力感をキープする。これではゆるすぎかも、と思うくらいでいいので、その脱力感で振ってみてください。振り幅が小さくても、ヘッドが加速して走っていくのをはっきり体感できますよ。

アドレスの時点でグリップを強く握らず、腕全体の力を抜く

腕に力を入れずにフォローまでヘッドを加速させていく

ヒジをワキ腹につけたまま腕を左右にゆらゆらと振れるくらいの脱力感をもち、その力加減のままクラブを握る

腕に力が入った構えは減速しやすく、打点がズレるミスも引き起こしやすい

ロブショットを成功させる！

フェースをきちんと開くには バックフェースを地面にピタッとつける

CHIE

開くんじゃなくて
ここを地面に
つけるんです
TOURSTAGE

6:4 → 10:0

フィニッシュの体重配分のイメージは最後は右足10！

スイングは意図的に変えずに、フィニッシュのイメージだけ変える。右6対左4の右足体重で構えたら、フィニッシュは左足を上げて全体重を右足に乗せるくらいのイメージをもつと、自然に高く上げるスイングになる。

左ヒジを引いて両手を高く上げないのがポイント！

開こうとしなくても自然に大きく開いたカタチができる

ロブショットはフェースを大きく開いて構えます。でも、アマチュアはフェースを開くのが苦手で、大胆に開こうとするとなおさらうまくできない人が多いですよね。極端に開くとき、わたしはフェースを右や上に向けるのではなく、バックフェースを地面にピタッとつけるようにしています。こうすると、フェースは自然に大きく開いてくれる。あとはグリップや手の位置などを調整すれば、上げる構えはバッチリです。

振り方はフィニッシュが大切です。上記のような体重のかけ方と、左ヒジを引いて両手を高く上げずに、左肩のヨコに収める低いフィニッシュをとれば、高いボールが打てます。

バンカー

勇気をもって大きく振り
ボールの先の砂ごと飛ばす！

アドレスもスイングもバンカーだけは別もの。
わたしの場合、構えたらヘッドの
トウ側から動かし、早めにコックをします。
ダウンスイングはコックで折った手首の角度を
キープしながら、ヘッドをヒールから入れて
打つイメージでした。
バンカーは練習環境が少なく、
ヘッドの入れ方がわからない人が多いですが、
ボールの先の砂をとる方法をオススメします。
「バンカーはダフって打て」とよくいわれますが、
このイメージだとボールの手前を叩きすぎてしまう。
ダフりすぎて飛ばないか、
ソールが手前で大きく跳ねてトップしてしまうので、
ボールの先の砂をとって、
砂ごとボールを飛ばす打ち方をしてください。
また、バンカーは大きく振る勇気が大事。
ビギナーや苦手な人への一番のアドバイスは、
「怖がらずに上から叩け！」ですね。（村口史子）

Coca-Cola

バンカー一発脱出、3つのポイント！

高いボールで脱出するには

①フェースを「大胆に開く」

②グリップ位置は「真ん中」

③「右手ストロング」で握る

●みやざと・みか／1989年10月10日生まれ。160cm。ジュニア時代からつねに日の丸を背負って戦う日本を代表するトッププロ。沖縄県出身。NTTぷらら所属。

高さで止めるボールはピンに寄せるための必須テク

バンカーショットは、落下後にコロがして距離を出すのと、ピタリと止めて距離を出さない2種類の脱出法を覚えておくとスコアメイクに役立ちます。むずかしいのは後者の「止める」ですが、これをわたしはアドレスの工夫でマスターしました。

ポイントは、次ページから解説する「グリップの握り方」と「手の位置」と「フェース向き」の3つ。この方法で、砂ごとボールを高く打ち出すことが可能です。

グリップをかなり短く持っているが、これは狙った場所に正確にヘッドを入れるポイントになる

ポイント2 手だけをカラダの真ん中に動かす

左太モモの内側に置いていた手をカラダの真ん中に。ハンドレイト気味に構えると、インパクト後にヘッドを高く上げられるのでボールを高く打ち出せる。

ポイント3 右手の握り方をストロングにする

右手をストロンググリップにする。砂を打って大きな抵抗がかかっても、強く握っているからフェース向きが変わらない。

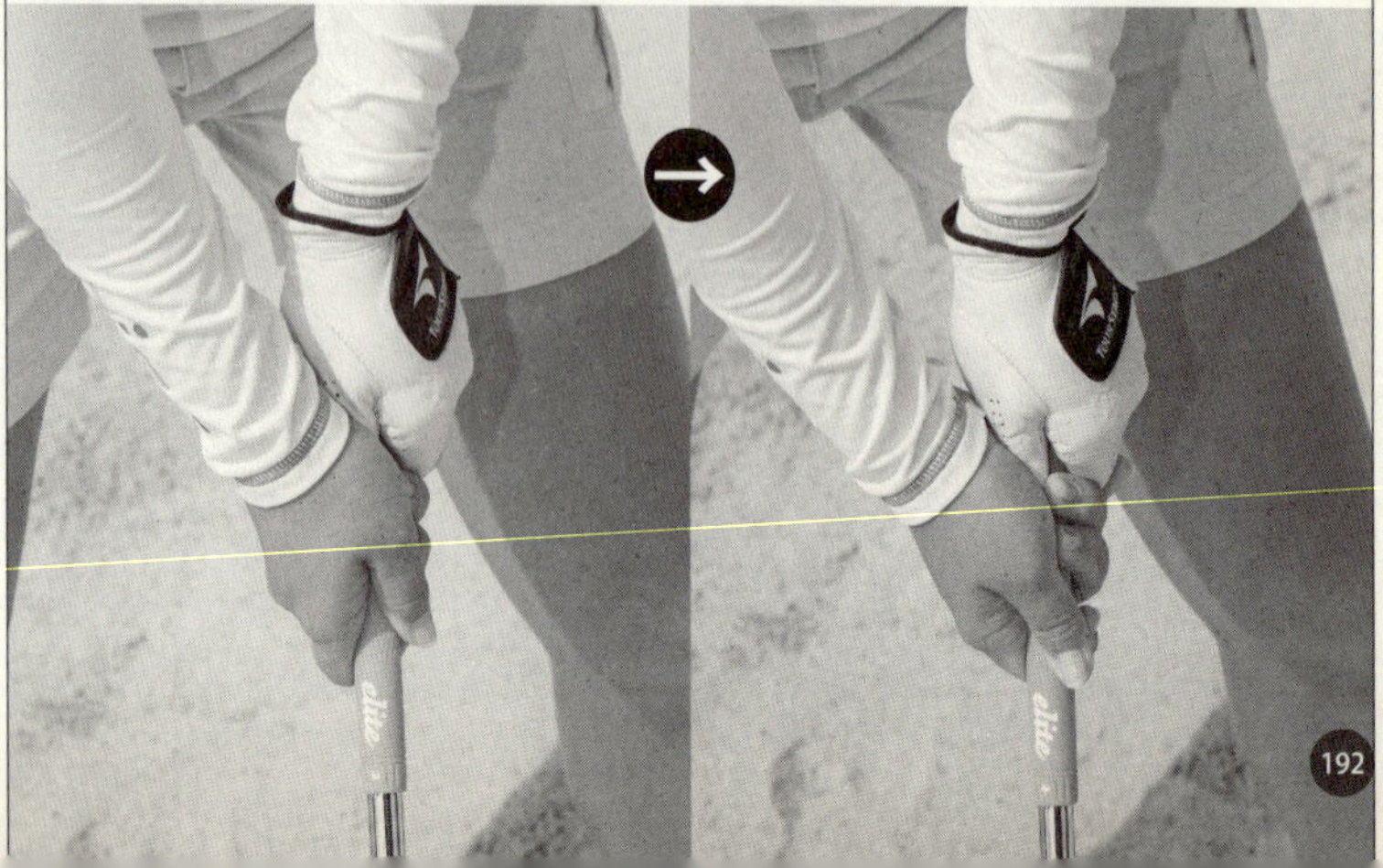

ポイント
1

フェースを大胆に開く

スタンス向きの真正面に回って見ると、フェースが真上を向くくらいかなり開いている。バンカーはヘッドをボールの下へ潜り込ませるので、開いて刃が出てもトップしない。

高さを調節するコツはアドレスにあります

砂質の打ち分けは……

砂が厚いフカフカは〝手前からドン〟砂が薄いカチカチは〝クリーンヒット〟

フカフカバンカーはダフらせてボールを砂ごと飛ばす

砂がやわらかいフカフカバンカーと固いカチカチバンカーを上手に攻略するポイントは、ヘッドを入れる位置を変えること。やわらかいバンカーはヘッドがもぐりやすいので、ボールの手前にヘッドをドンッと落として砂ごと飛ばします。

固いバンカーは、ヘッドが弾かれやすいので、砂をあまりとらずにヘッドをボールの真下に入れて打ちます。また、固いバンカーはフェースを開くとバンスがきつくなり、さらに砂に弾かれやすくなるので、あまり開かずに打ってください。

線を打って
ヘッドを正確に入れる練習をする

ボールを打つだけが、バンカーの練習ではない。砂の上に線を引いたら、そこに向かってヘッドを入れる。バンカーは狙ったところにヘッドを入れるのがコツなので、これも上達のためのいい練習になる

フカフカバンカー

ボールの手前を狙ってヘッドを入れる。フェースを開いておけば砂の中にもぐりすぎない

カチカチバンカー

フェースはあまり開かず、ボールの下の砂を薄く削りとるイメージで打つ

砂質によってヘッドを入れる位置を変えて、砂の取り方の違いでピンに寄せる

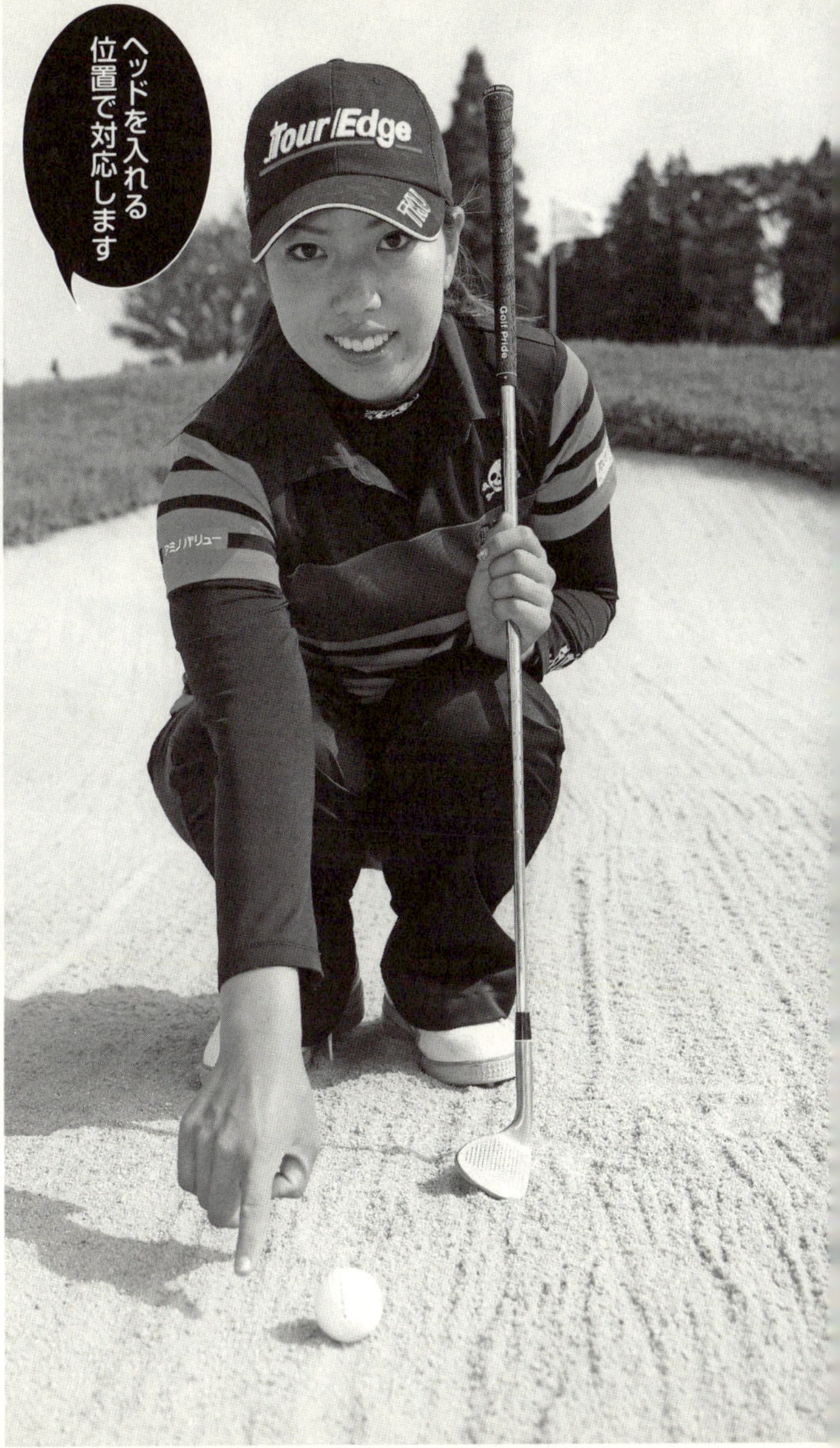
ヘッドを入れる位置で対応します

le coq sportif

パッティング

迷わず、入るイメージを信じ続ける。それが自信を手にする方法。

プレーヤーはボールの後方からラインを見据えるとき、
なにを考えているのでしょうか。
クラブヘッドを真っすぐ引いて、
真っすぐ当てて真っすぐフォローを出す。
そんなことを考えていたら、
実際に真っすぐ当てられたとしても、
ラインにボールを乗せることはむずかしいでしょう。
ときに劇的なパッティングを見せるプロゴルファーは、
どのスピードで、どの方向にボールをコロがせば
カップインできるのか？
そのイメージをひたすら頭のなかに
焼きつけているはずです。
あとは迷わないこと。その先にできることといえば、
イメージを信じてストロークするだけ。
「イメージ」と「信じる」こと。
それを続けることによって、
もっとも得にくい「自信」を手にすることができるのです。
（石井 忍）

背中とお腹に力を入れると

アドレスもストロークも真っすぐになる

背すじを伸ばして大きく構えると方向性がよくなる

入れたい気持ちが強くなってカップやボールを見ようとすると、背中がまるまってしまいます。まるまった背中は肩や腰などのスクエアな向きを崩す原因になるので、方向性が悪くなってしまうんですよ。

パッティングの正しいアドレスは、ドライバーのいいアドレスとまったく同じ。背すじを伸ばして背筋と腹筋に力を入れて構えれば向きもよくなるし、ヘッドを正確に動かせるので、真っすぐストロークすることができます。

ドライバーのいいアドレスと一緒ですよ

●もぎ・ひろみ／1977年4月25日生まれ。159cm。ツアー通算6勝。群馬県出身。アース製薬所属。

パッティングのアドレス ＝ ドライバーのアドレス

背中がまるまってしまうと向きがズレやすい。ストロークがブレる原因になる

**パッティングも
フルショットと
同じように構える。
背すじを伸ばすと
向きも動きも
よくなる**

方向性を上げるテクニック!

両ツマ先を内側に向けて お尻を固定すると ストロークがブレない

切り返しは左腰からスタート。
左腰と手元がつながっていて、
左腰のリードで手元を引っぱるイメージで
振り下ろすとタメが自然にできる

お尻を固定して
振ると
頭やヒザが
ブレません!
Jun and Ropé

ツマ先を開くとカラダがブレやすい

両ツマ先を開いた「逆ハの字」の構えは、お尻を中心にカラダが左右にブレやすい。打点が安定しないので距離感も方向性も悪くなる

ツマ先を閉じるとカラダが安定する

両ツマ先を閉じるか、真っすぐ向けて構えると、お尻がうまく固定できる。カラダ全体がブレないのでストロークが安定する

カラダの中心がブレるとストロークもブレる

ストロークのブレはカラダのブレが原因ですが、その根本になるのは手先や頭、ヒザではなくカラダの中心。つまり、腰まわりが動くと上半身も下半身もつられて動いてブレてしまうのです。

ストロークのブレを防ぐときに、アマチュアのみなさんが意外と意識していないポイントがお尻です。お尻をしっかり固定して、動かさずに振る意識をもってください。

お尻は両ツマ先を内側に向けた「ハの字」で構えるとうまく固定できます。きゅう屈に感じてスムーズにストロークできない人は、内側ではなく真っすぐでもいいのでツマ先を開かずに構えてストロークしてください。

真っすぐヘッドを出すコツ

右手と左手は力の入れ方も動かし方も均等にする

グリップをつくる段階で、右手5対左手5の左右均等の力で握る。その配分を変えずにストロークする

右手が強いとヒッカケ、左手が強いと押し出しやすい

パッティングのとき、右手だけを強く握ったり右手主体でストロークすると、インパクトでヘッドだけが目標に出すぎてしまい、引っかけやすくなります。反対に左手だけを強く握り、左手主体で振ると手元が先行するので、フェースが開いて押し出してしまう。

両手に一体感をもたせ、力の入れ方も動かし方も左右均等にしてストロークすると、ヘッドを真っすぐ出せますよ。

●いのうえ・りか／1993年11月24日生まれ。得意クラブはアイアンとパター。茨城県出身。フリー。

右手が強い	左手が強い	両手均等
ヘッドだけが大きく目標方向に出てしまい、フェースがかぶるので引っかけてしまう	ヘッドよりも手元が先行して目標方向に出る。フェースは開くので右に押し出しやすい	両手とも均等の力加減で動かすと、ヘッドが真っすぐ出せるのでラインに乗せられる

練習グリーンは手はじめに

アレコレ考えないで〝ポーン〟と打ってみる

気持ちよく振れる振り幅でコロがした距離を距離感の基準にする

グリーンが「速い、遅い」と感じるスピードは、人によってさまざま。速さを人から聞いた情報やゴルフ場のスティンプメーターの距離で決めつけてしまうのは、自分本来の距離感とのズレが出る原因になりやすいのです。

ですからわたしは、ズレが出なようにグリーンの速さは必ず自分の感覚で測る

コロがり方を見て
スピードをチェック

グリーンの状態がわかる

その距離を
基準に距離感を
合わせる

基準にする距離感がわかる

ようにしています。練習グリーンにいったらまずは1球放り投げて、なにも考えずに自分が気持ちよく振れる振り幅で打ってみます。そのコロがるスピードを見て、そこで初めて「今日のグリーンは速い（または遅い）」と、自分の感覚を信じてジャッジします。

このチェック法は「気持ちよく振れる振り幅」というのもポイント。その振り幅でコロがった距離を歩測して、何ヤード打ったかを調べてください。気持ちよく振れる振り幅というのは、一番スムーズに振れるもの。この距離を基準にそれより短い距離は振り幅を小さく、長い距離は大きく振ると距離感の調整もうまくできるようになります。

必ず自分の感覚で速いか遅いかを確認する。先入観をもたずに、自分の感覚を信じて速さを判断することがタッチをつかむコツだ

とりあえず1球
〝ポーン〟と投げて
気持ちよく振れる
ストロークで
〝ポーン〟と打つ

止まったボールまで歩測をしたら

パター練習の最後の1球は

1メートルをきちんと沈めてからスタート！

最後に1メートルのパットをきちんと決めて、
短い距離が入る自信をつけてからスタートする

ドライバー
FW・UT
アイアン
アプローチ
バンカー
パッティング

11歩、
今日は
強めかな?

グリーンの速さや特徴だけでなく、その日の自分のタッチを10メートルの距離を打った歩測で調べる

自信をつけて
気分よくスタート
しましょう!

その日の自分のタッチと短い距離への自信をつける

スタート前のパッティング練習は、まずはカップなどを気にせず10メートルの距離を打ってみます。これを歩測し（1歩が1メートルで歩く）、ちょうど10歩だったら思いどおりの距離感が出せています。これが9歩や11歩だったら、弱めや強めに打っているので、それに合わせてタッチを修正してください。

そして最後は、必ず1メートルの距離をカップインさせて、「この距離は入る」という自信をつけてからスタートします。

曲がるラインは

カップからボールに向かうラインもチェックする

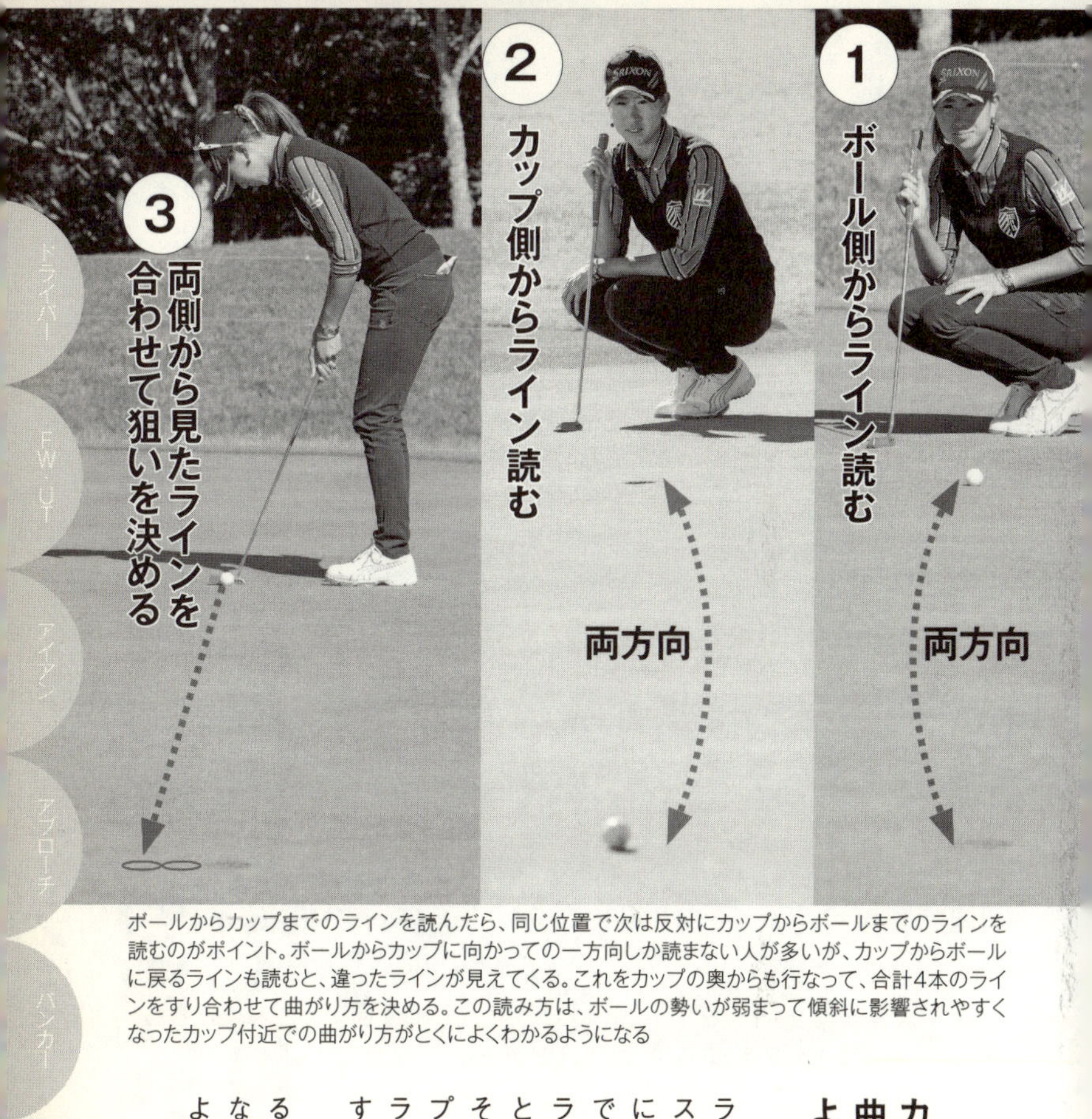
1
ボール側からライン読む
両方向
2
カップ側からライン読む
両方向
3
両側から見たラインを合わせて狙いを決める

ボールからカップまでのラインを読んだら、同じ位置で次は反対にカップからボールまでのラインを読むのがポイント。ボールからカップに向かっての一方向しか読まない人が多いが、カップからボールに戻るラインも読むと、違ったラインが見えてくる。これをカップの奥からも行なって、合計4本のラインをすり合わせて曲がり方を決める。この読み方は、ボールの勢いが弱まって傾斜に影響されやすくなったカップ付近での曲がり方がとくによくわかるようになる

カップまわりでの曲がり具合がよくわかる

わたしはカラダをヨコに向けてラインを読みますが、その理由はスカートを履いているから。とくにほかの理由はありません（笑）。でもラインもちゃんと読めますよ。ラインを読む位置はボール側からとカップ側からの2カ所。さらにそれぞれボールからカップ、カップからボールを読み、合計4つのラインを頭に入れて狙いを決めます。

こうやって読むと、大きく曲がるのはもちろん、曲がるか曲がらないかわからない微妙なラインもよく見えます。

大きく曲がるラインは 低いほうから見たラインを信じて打つ

曲がるラインは
高いほうではなく、
低いほうから見た
大きく曲がるように見える
ラインに合わせて
打ちましょう

打球はコロがりが弱くなると大きく曲がっていくので、カップまわりの傾斜もよく見る

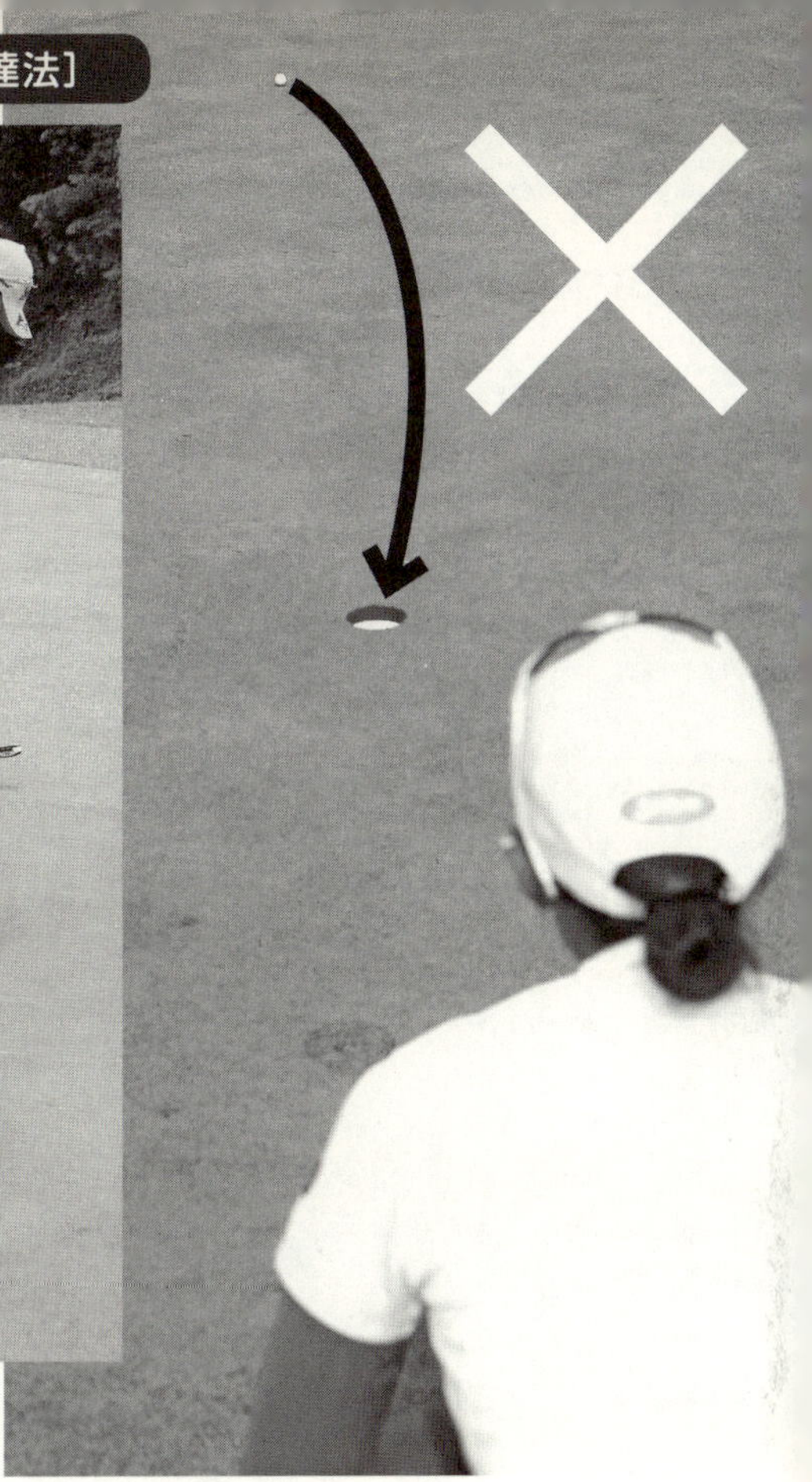

低いほうからラインを読むと大きく曲がるように見える

大きく曲がるラインは、目標や打ち出す方向をカップから大きくはずすのを嫌って浅めのラインで打ってしまいがち。きちんと曲がるラインにそって打つことが大切ですが、ラインを読む位置にもポイントがあります。

曲がるラインは、低いほうから見たほうが大きく曲がるように見えるもの。大きく曲がることをしっかり認識したら、そのラインを信じて打ってください。こうすると、浅いラインで打ってしまうのを防げます。

ロングパットは３ステップで決める。まずはカップまわりの傾斜を見てやさしいエリアを探す

ロングパットでまず確認すること！

カップまわりを見て2パット目がやさしいエリアを探す

楽に2パットで決められるマネジメントを立てる

ロングパットは欲ばると3パットしてしまうので、2パットで収めるのがとても大事。確実に2パットで決めるためには、距離感＋2パット目がやさしく打てるエリアを探すことが大切です。

そのためにはカップまわりの傾斜をチェックして、2パット目が上りの真っすぐになるラインを探しましょう。手前が楽ならショート目でもOK。奥がいいならしっかり打つ。単に近づけるだけでなく、2パット目をうまく組み立ててください。

Step 2
自分にとってやさしいエリアを探そう！
Step 3

距離感も大切なので、距離に合わせた振り幅を決めて素振りを繰り返す

たとえばスライスラインでも浅めに打ってカップの右にはずれれば、返しはやさしい上りが残る

ロングパットがうまくなる！　距離感を出すのは右手！

強く握って右手首の角度を変えずに打つ

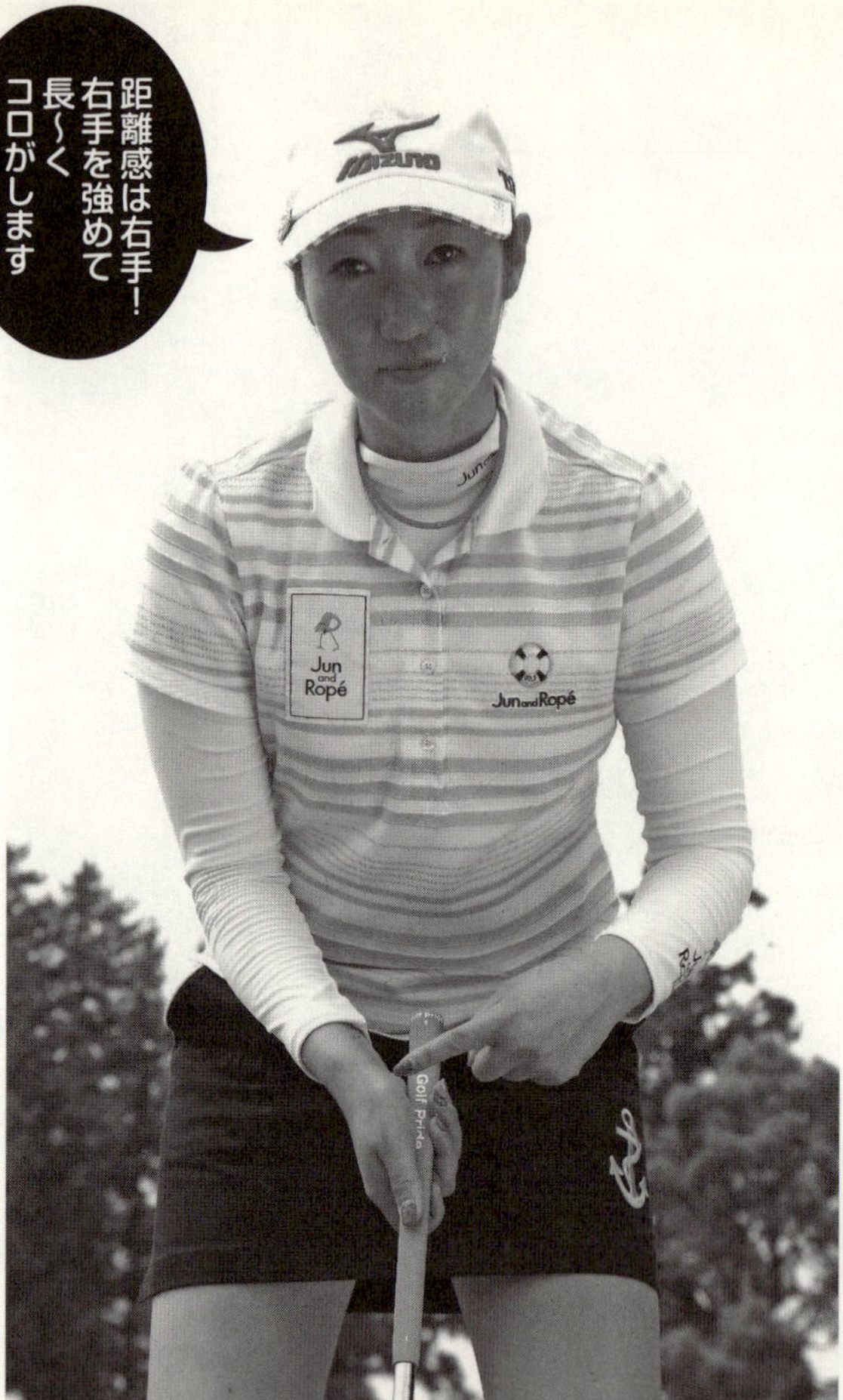
距離感は右手！
右手を強めて
長～く
コロがします

アドレスでできた右手の角度をキープしたまま振ることで、スピードを上げても強くヒットしてもブレないパッティングができる

振り幅を大きくすればいつもと同じテンポで打てて長くコロがせるが、大きく振れば振るほどズレも大きくなってしまう

右手の感覚で距離感を調節する。ロングパットは振り幅を大きくしすぎないで、右手の力加減を強めて打球を強くする

振り幅を大きくするよりも右手で強く打つ

ロングパットは、振り幅だけで長くコロがすのは無理。大きく振れば振るほどフェースの向きや打点がズレるので、方向性も距離感も悪くなってしまいます。ズレが出ない程度の振り幅で、振るスピードを上げて強くヒットしましょう。そのポイントとなるのは右手です。

とくに右手は、距離感を出すのに大事。距離のあるパットは、右手のテンション（握る力）を強くすると強くヒットできます。このとき、右手首の角度をキープしたままストロークすると、振る勢いをつけたり強くヒットしてもフェースの向きや打点がズレにくくなるので、ラインに乗せるパッティングができます。

2段グリーンの攻略法！

下の段からはフォロー、上の段からは仮想カップに集中！

段を「上りきる」「下らせる」ことが大切

2段グリーンの下から上の段に打つときは、きちんと段を上りきることに集中。ショートのミスは、ストロークがゆるんでしまうのが大きな原因なので、フォローを大きく出さずにヘッドを止めるつもりで小さく出してゆるみを防ぎます。

上の段から下の段に打つときは、打ちすぎてのオーバーが大敵です。段を下る位置まで届かせることが大切なので、仮想カップをつくったら、そこまではしっかり打つことに集中しています。

●はら・えりな／1987年11月7日生まれ。164cm。クールビューティ&人気プロ。愛知県出身。NEC所属。

上の段から

下る直前に設けた
仮想カップまで
しっかり打つ。
あとは惰性で
コロがしていく

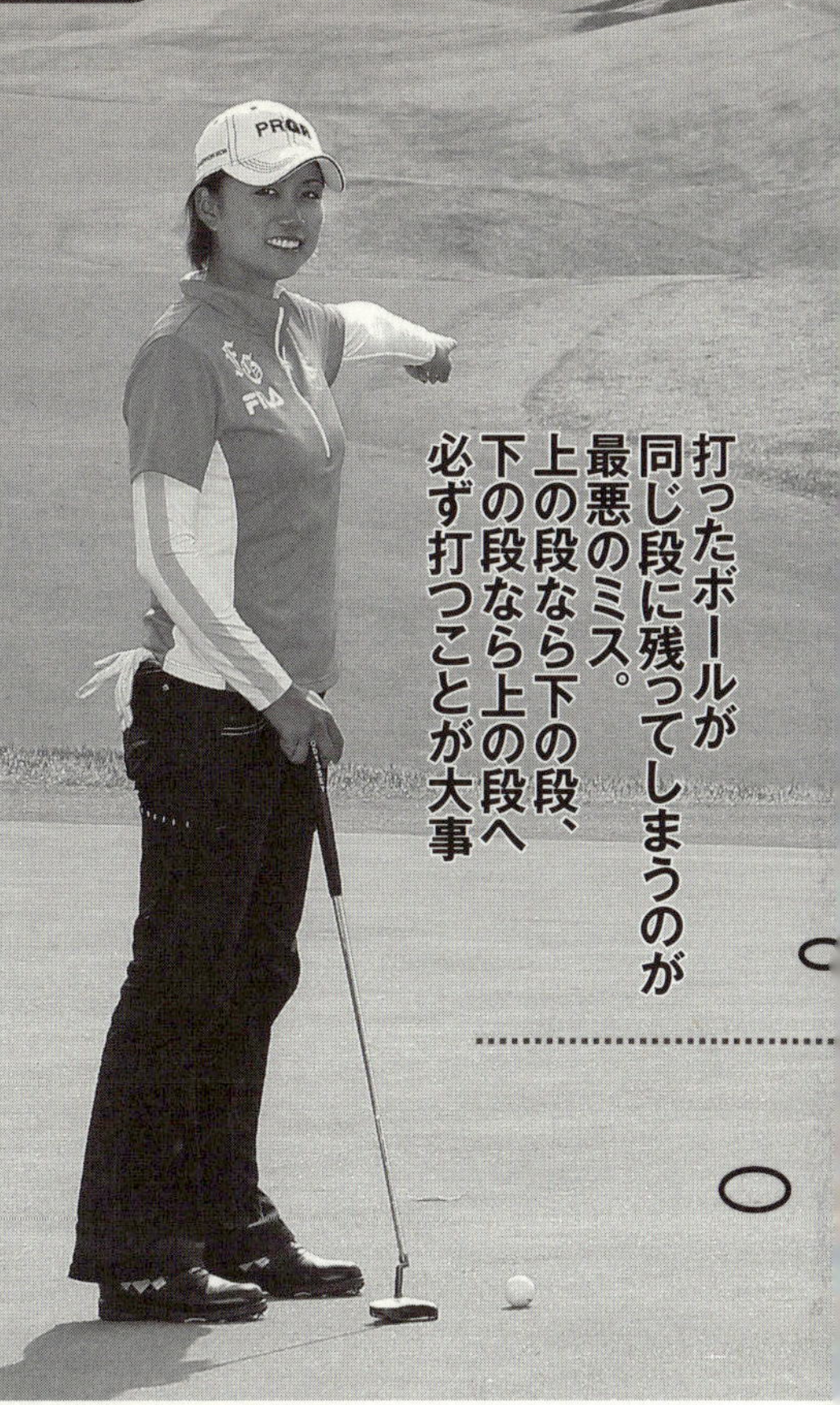

打ったボールが
同じ段に残ってしまうのが
最悪のミス。
上の段なら下の段、
下の段なら上の段へ
必ず打つことが大事

下の段から

フォローを大きく出すと
ゆるみやすいので、
止めるつもりで
小さく出す

打ちきれない人、
必読ですよ！

「届かない！」「打ちきれない！」重いグリーンは

ヘッドを高く上げてトップで間《ま》を置く

ショートしたくないときは、意識的にヘッドを高く上げていく。インに引くと高く上げにくいので、ヘッドを真っすぐ引いて高く上げよう

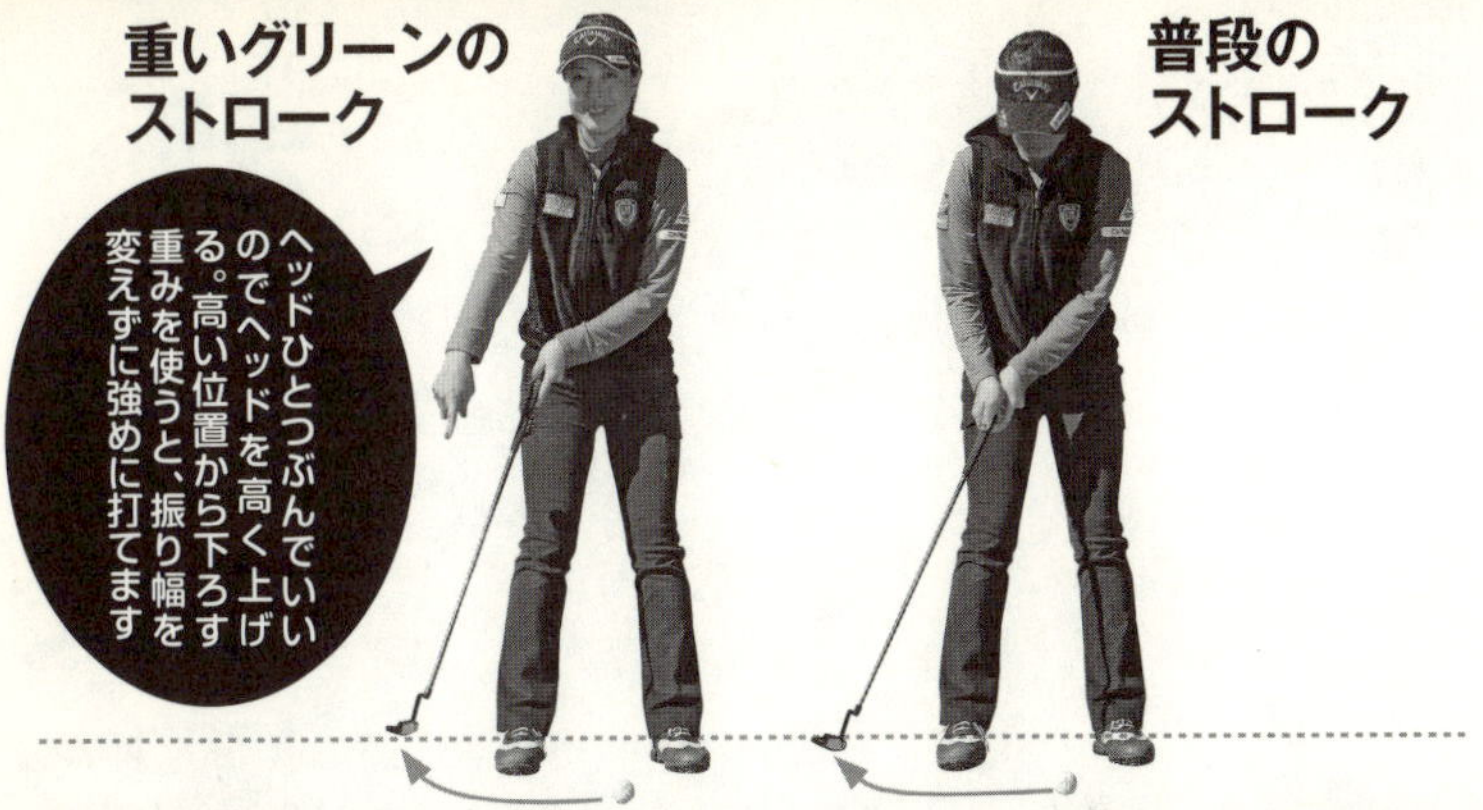
重いグリーンのストローク
ヘッドひとつぶんでいいのでヘッドを高く上げる。高い位置から下ろす重みを使うと、振り幅を変えずに強めに打てます
普段のストローク

ヘッドの重みと振り下ろす意識で強めに打つ

グリーンが重くて、いつものタッチだとショートばかりする。そんなときわたしは、ヘッドをいつもより少し高く上げるようにしています。カップに届かないからといって振り幅を大きくしたり、インパクトを強くすると大オーバーしがち。ヘッドを少しだけ高く上げれば、ヘッドの重みを使って振り下ろせるので、少し強く打てるのです。

また、すぐに切り返さずにトップで間（ま）を置く方法もオススメ。「振り下ろす」という感覚がもてるので、これも強めに打てます。普段でも「今日は打ちきれずショートばかり」という日があったら、このテクを使ってみてくださいね。

トップは動きを一度止めるくらいのイメージ。すぐに切り返さずに間（ま）を置くと、振り下ろす意識が強まるので強めに打てる

カラーの外からは……

ハンドファーストに構えてボールを押すようにインパクト

ボールに勢いをつけられれば振り幅はいつもどおりでOK!

いつもどおりの振り幅でボールがコロがる勢いを強める

カラーの外からは、ボールが芝の抵抗を受けやすいのでショートしやすい。かといって、強く打ちすぎると大オーバーになることも。これらを防ぐには、普段の距離感を出す振り幅で打ちながら、ボールに勢いをつけてください。アドレスはいつもよりハンドファーストにしてロフトを立てます。インパクトもハンドファーストにして、ボールを目標へ押すように打つ。こうすると、ボールの勢いをいつもより強められます。

シャフトを少し左に傾け、
ロフトを立てたまま
ヒットするとボールの
コロがる勢いが強まる

グリップとカラダの距離を変えずに、カラダの回転で振る

テークバックが真っすぐ引けてフォローを止めると強気で打てる

マレット型は
トウ側にボリュームが
あるから真っすぐ
引きやすいんです
HYZ
ODYSSEY

真っすぐ引けるマレット型はヒッカケが防げる

わたしはずっとマレット型のパターを愛用していますが、大きな理由は真っすぐヘッドを引きやすいから。以前、ヘッド軌道を測定する機械を使ってストロークを調べたら、無意識にアウトに引いてしまうクセがあったのです。マレット型は、形状的にトウ側にボリュームがあるので真っすぐ引けます。ヘッドも大きいから、真っすぐを意識しやすいですよね。ヘッドをアウトに引いて引っかけてしまう人には、オススメなタイプです。

ストロークで意識しているのは、フォローを長く出さないこと。バックスイングと同じ大きさの左右対称の振り幅でヘッドをピタッと止めたほうが、しっかり打てるのでコロがりがよくなります。

アウト（外）に引かなくなる

有村は無意識にアウトに引いてしまうクセがあったが（×）、マレット型特有のトウ側のボリュームを意識するようにしたら真っすぐ引けるようになった

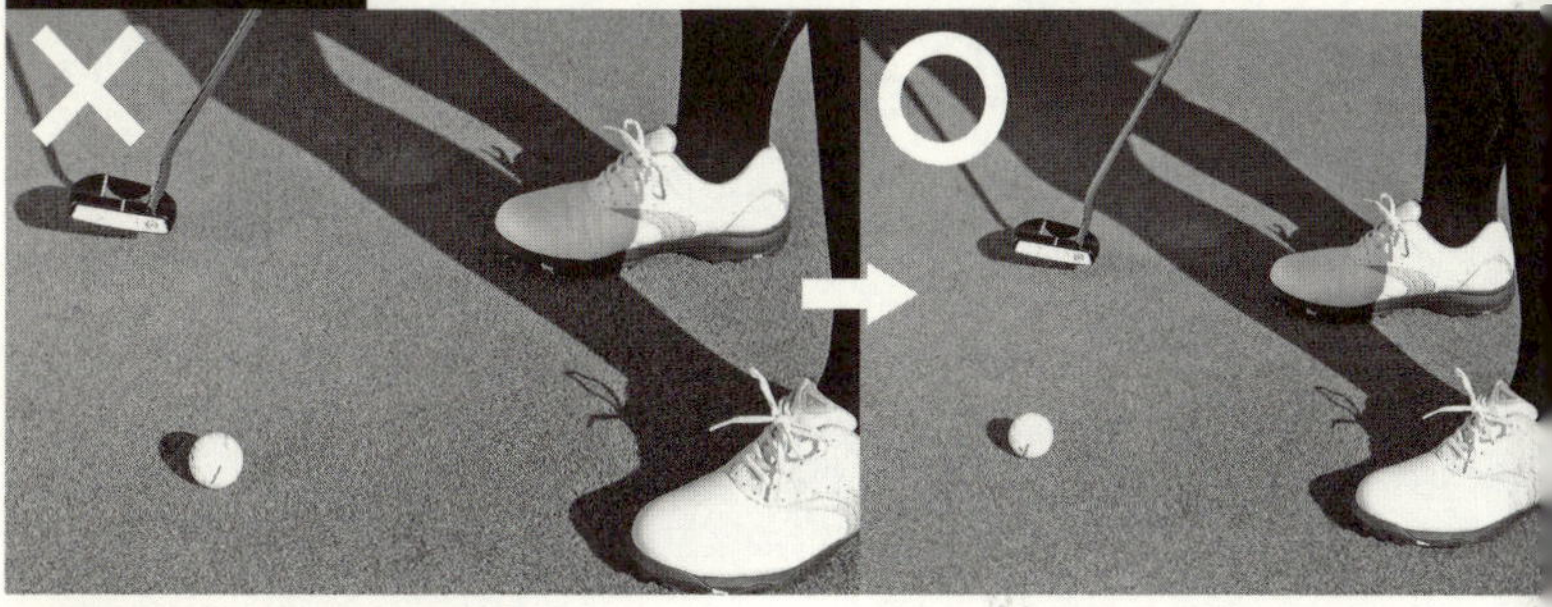

フォローを止めて振り幅をそろえるとしっかり打てる

フォローを長く出すとインパクトがゆるみやすいので打球が弱くなるが、ヘッドを止めるとしっかり打てるので、ボールのコロがりがよくなる。有村は左右対称の振り幅になる位置にティを刺して、フォローをバックスイングと同じ大きさで止める練習を繰り返している

※本書は実業之日本社刊のゴルフレッスンムック「人気女子プロが先生！」シリーズの『人気女子プロ29人が先生！』（2013年）、『見るだけで即！うまくなる！』（2014年）、『人気女子プロのワザでうまくなる！』（2015年）を再編集し、新たに刊行したものです。

※取材は2012年～2015年に行っているため、登場プロの契約企業、使用用具などが現在と異なる場合があります。あらかじめご了承ください。

編集　ワッグル編集部
写真　前田俊二、小林司、相田克己、内田眞樹、圓岡紀夫、中野義昌
デザイン　加藤一来

人気女子プロが先生！
見て！マネて！90が切れる！
女子プロの基本

2016年4月7日　初版第1刷発行

編　集　ワッグル編集部
発行者　増田義和
発行所　株式会社実業之日本社
〒104-8233　東京都中央区京橋3-7-5　京橋スクエア
電話　03-3535-5412（編集）　03-3535-4441（販売）
http://www.j-n.co.jp

印刷・製本　大日本印刷株式会社

ISBN 978-4-408-33010-5（ワッグル）